Thomas Bergner

Endlich ausgebrannt!

Wissen & Leben
Schattauer

herausgegeben von Wulf Bertram

Thomas Bergner

Endlich ausgebrannt!

Die etwas andere Burnout-Prophylaxe

Schattauer

Dr. med. Thomas Bergner
Zeller Straße 56
82067 Zell
www.bergner.cc

Bibliografische Information der Deutschen Nationalbibliothek
Die Deutsche Nationalbibliothek verzeichnet diese Publikation in der Deutschen Nationalbibliografie; detaillierte bibliografische Daten sind im Internet über http://dnd.d-nb.de abrufbar.

Besonderer Hinweis:
In diesem Buch sind eingetragene Warenzeichen (geschützte Warennamen) nicht besonders kenntlich gemacht. Es kann also aus dem Fehlen eines entsprechenden Hinweises nicht geschlossen werden, dass es sich um einen freien Warennamen handelt.

E-Mail: info@schattauer.de
Internet: www.schattauer.de
Printed in Germany

Projektleitung: Dr. rer. nat. Christina Hardt
Lektorat: Birgit Albrecht, Berlin
Umschlagabbildung: Reinhold Henkel, Heidelberg
Satz: am-productions GmbH, Wiesloch
Druck und Einband: CPI – Ebner & Spiegel, Ulm

ISBN 978-3-7945-2932-2

Inhalt

Wissen & Leben
Schattauer

Bisher in der Reihe erschienen:

Michael S. Metzner: Achtsamkeit und Humor

Thomas Bergner: Gefühle

Hans Biedermann: Die Drillinge des Doktor Freud

Valentin Braitenberg: Das Bild der Welt im Kopf

Valentin Braitenberg: Information – der Geist in der Natur

Carsten Bresch: Evolution

Alois Burkhard: Achtsamkeit

Peter Fiedler: Verhaltenstherapie mon amour

Heinz Hilbrecht: Meditation und Gehirn

Reinhart Lempp: Generation 2.0 und die Kinder von morgen

Jürgen G. Meyer: Darwin, Mendel, Lamarck & Co.

Johann Caspar Rüegg: Mind & Body

Johann Caspar Rüegg: Die Herz-Hirn-Connection

Manfred Spitzer: Aufklärung 2.0

Manfred Spitzer: Dopamin & Käsekuchen

Manfred Spitzer: Nichtstun, Flirten, Küssen

Manfred Spitzer: Das (un)soziale Gehirn

Manfred Spitzer und Wulf Bertram:
Hirnforschung für Neu(ro)gierige

Zum Herausgeber von „Wissen & Leben“

Wulf Bertram, Dipl.-Psych. Dr. med., geb. in Soest/Westfalen. Studium der Psychologie und Soziologie in Hamburg. War nach einer Vorlesung über Neurophysiologie von der Hirnforschung so fasziniert, dass er spontan zusätzlich ein Medizinstudium begann. Zunächst Klinischer Psychologe im Univ.-Krankenhaus Hamburg-Eppendorf, nach dem Staatsexamen und der Promotion in Medizin psychiatrischer Assistenzarzt in der Provinz Arezzo/Italien und in Kaufbeuren. 1985 Lektor für medizinische Lehrbücher in einem Münchener Fachverlag, ab 1988 wissenschaftlicher Leiter des Schattauer Verlags, seit 1992 dessen verlegerischer Geschäftsführer. Ist überzeugt, dass Lernen ein Minimum an Spaß machen muss, wenn es effektiv sein soll. Aus dieser Einsicht gründete er 2009 auch die Taschenbuchreihe „Wissen & Leben“, in der wissenschaftlich renommierte Autoren anspruchsvolle Themen auf unterhaltsame Weise präsentieren. Bertram hat eine Ausbildung in Gesprächs- und Verhaltenstherapie sowie in Tiefenpsychologischer Psychotherapie und ist neben seiner Verlagstätigkeit als Psychotherapeut und Coach in eigener Praxis tätig.

1 Unendliche Weiten

Die Psyche. Unendliche Weiten. Wir schreiben den 12. Dezember 2011. Das Abenteuer beginnt: Auf der Bühne erscheint eine nussbraune Schönheit, die offenbar direkt von der Copacabana eingeflogen ist. Ihr brasilianischer Akzent erfreut mein Männerherz und ich denke mir, mit der kann man wirklich nicht ausbrennen, allenfalls durchbrennen. Aber meine Machogedanken werden jäh unterbrochen, als sie alle Zuhörer auffordert, die gerade erst eingenommene, bequeme Sitzposition zu verlassen und aufzustehen. „It's Zumba-Time!" Bis zu diesem Moment kenne ich Zumba nicht. Jetzt lerne ich: Das ist *die* Methode gegen Burnout. Geht etwa so: Ein besonders eingängiges Lied brasilianischer oder anderer Herkunft auflegen (vielleicht nicht unbedingt Nossa Nossa, aber es gibt genug auf Zumba „spezialisierte" CDs), so laut wie möglich. Scheren Sie sich im Moment nicht um Ihre Nachbarn, es geht hier um Wichtigeres. Dann schütteln Sie, was Sie haben, Extremitäten und Hintern beispielsweise, rhythmisch mit der Musik.

So ähnlich macht es im Moment die brasilianische Schönheit, schon wackeln ihre Akren aufs Heftigste. Da meine Akren vorrangig aus einem beachtlichen Rettungsring und Hüftgold bestehen, wackelt es bei mir auch.

Nach wenigen Minuten transpirieren die meisten, die frische Luft verbraucht sich rasant. Ich lasse mich erschöpft auf den Stuhl fallen und denke mir: Von wegen Zumba gegen Burnout. Ich bin jetzt schon erschöpft. An diesem einen Tag werde ich noch vieles erfahren, beispielsweise über die beeindruckenden Erfolge eines Rückentrainings, das alle – ausschließlich männlichen – Führungskräfte eines Unternehmens freiwillig mitmachten und das bewirkt hat, dass keiner von ihnen Burnout bekommen hat.

Je länger ich an diesem Dezembertag die Hinweise höre, was alles gegen Burnout hilft, umso klarer wird mir: Die Welt braucht keine solchen Ratgeber mehr. Man weiß genug zu den wahren Ursachen von und Hilfen gegen das Ausgebranntsein.

Die unendlichen Weiten zeigten sich das nächste Mal am 25. April 2012 auf einer der größten psychotherapeutischen Fortbildungsveranstaltungen, auf der ein Vortrag dargeboten wurde, bei dem es um eine Anleitung zum Burnout ging. Gefühlte 99 % des Vortrags befassten sich mit *der* neuen Methode zum Gewichtabnehmen (in Kurzform: Einen Tag praktisch nichts essen, am anderen, was man will. Früher wurde das FDH genannt, aber natürlich nicht in dieser Abfolge) und danach wusste ich, wer auf diese Weise abnimmt, bekommt Burnout – oder sollte es so verhindert werden? Ich hätte besser aufpassen sollen.

Der Besuch beider Veranstaltungen ließ in mir den Wunsch wachsen, wirklich erfolgreiche Tipps für den Weg *ins* Burnout anzubieten, da mit Zumba, Rückenschule für Manager und gesundem Essverhalten offenbar bereits die wichtigsten Säulen für eine wirksame Burnout-Prävention gefunden sind.

Aber es fehlt ein Buch mit Hinweisen zum effektiven Ausbrennen. Denn kaum jemand will wirklich zu einer Minderheit gehören, die zunehmend an den Rand der Gesellschaft gedrängt wird – zur Minderheit der „normalen" Menschen, die keinerlei Auffälligkeiten zeigen. Möchten Sie den Weg, auf dem sich unsere Gesellschaft und deren Mitglieder befinden, wirklich nicht mitgehen?

Unvorstellbar. Deshalb liegt nun dieser Ratgeber vor, der Ihnen zeigt, wie Sie besonders effektiv, fast schon garantiert, ausbrennen. Zugegeben, der Weg mag kein leichter sein, an seinem Ende mag etwas anderes auf Sie warten, als Sie sich vorgestellt haben, aber sollten das schon Gründe sein, dem „Mainstream“ abzuschwören? Denn soviel steht fest: Burnout ist richtig „in“. Das glauben Sie nicht? Hier die Zahlen:

Der aktuelle Fehlzeitenreport des wissenschaftlichen Instituts einer Krankenkasse zeigt (Badura et al. 2012): Die Zahl der psychischen Erkrankungen in Deutschland ist seit 1994 um 120 % gestiegen, die von Burnout sogar um fast 1400 %. Insgesamt sind die Krankheitszeiten jedoch rückläufig: Waren die Berufstätigen in 1994 noch 5,6 % ihrer Arbeitszeit krank, sind es heute nur noch 4,7 %. Seelische Erkrankungen verhalten sich gegen den Trend, sie erleben einen echten Boom, sie sind „in“. Allein die Diagnose Burnout führte 2011 zu insgesamt 2,7 Millionen Fehltagen für die Betriebe und die Gesamtkosten im Jahr 2012 für die Behandlungen aller psychischer Erkrankungen in Deutschland werden auf 92,5 Milliarden Euro geschätzt. Bereits heute scheiden 40 % aller Frührentner wegen seelischer Erkrankungen aus dem Arbeitsleben aus.

Es ist somit dringend nötig, den weniger Versierten in Burnout-Angelegenheiten einen Ratgeber an die Hand zu geben, um nachvollziehbar den sicheren und erfolgversprechenden Weg ins Burnout zu beschreiben. An einer solchen Entwicklung können Sie nun teilhaben. Es wird Ihnen möglich sein, Ihre Energie auf die Maßnahmen zu konzentrieren, welche wirkungsvoll Burnout ermöglichen. Lesen Sie diese Anleitung also als Ideengeber für Ihren *eigenen* Weg, denn kaum etwas ist so individuell wie der eigene Abstieg.

Wenn Sie bereits so ausgebrannt sind, dass Sie keine Anleitung hierfür mehr brauchen, kann Ihnen eines der am weitesten verbreiteten Spiele, Monopoly®, helfen. Wenn Sie das spielen und eine Gemeinschaftskarte ziehen, dann heißt es in etwa: Gehen Sie in die Klinik, zu einem Therapeuten oder Coach, begeben Sie sich direkt dorthin, gehen Sie über keinen Umweg und ziehen Sie keine Ausflüchte mehr heran.

Aber noch ist es ja nicht so weit.

2 Crisis? What crisis?

Jede persönliche Krise ist von Ihnen selbst gemacht, kein Mensch wird von einer Krise überfallen, allenfalls überrascht – und das spricht genau für das, worum es anfänglich bei einer Krise geht: Um eine Realitätsverkennung, um unzureichende Wahrhaftigkeit, um Selbstbetrug, eine Täuschung, eine Illusion, in aller Klarheit: um eine Lüge. Diese Lüge kann sowohl ein individuell unpassendes Verhalten sein als auch eine falsche Einstellung oder Haltung oder eine falsche Vorstellung von sich selbst.

Eine Krise dient der Wahrheit oder der Wahrhaftigkeit.

Krise bedeutet: Etwas muss anders werden, weil etwas im Argen liegt und trotzdem nicht geändert wird. Nur dann, wenn in Ihnen andere Ideen, Vorstellungen, Ziele, Strömungen herrschen, als Sie wahrnehmen, oder wenn Sie sie wahrnehmen, ihnen aber nicht folgen, kann es zu einer Krise kommen, sie dient damit dem bisher Übersehenen.

Nun stellen Sie sich vor, Sie sitzen morgens am Frühstückstisch und schauen Ihren Partner an. In Ihnen wallt Liebe auf und Sie sagen ihm: „Du, Schatzi, Du bist noch so schön wie vor 25 Jahren." Dieses Urteil fällen Sie, weil Sie entweder Ihre Brille nicht aufhaben oder weil Sie eine charmante Lüge loswerden wollen. Diese Lüge namens Kompliment führt zu keiner Krise. Nun setzen Sie die Brille doch auf, außerdem sind Sie ein Morgenmuffel und Ihr Partner muffelt darüber hinaus. Sie sagen ihm jetzt: „Eigentlich bist Du ziemlich ungepflegt." Keine Lüge, dennoch Stunk, im wahrsten Sinne des Wortes. Aber letztlich führt auch die

Wahrheit zu keiner Krise, sofern sie zu nutzen zur üblichen Kommunikation gehört. Allenfalls führt sie zu einem Streit. Nun fällt Ihnen spontan ein, dass Sie gestern Nachmittag ein Schäferstündchen mit einem überaus wohlriechenden Menschen hatten, eben nicht mit Ihrem Partner. Der ist jedoch misstrauisch, fragt Sie, wo Sie gestern Nachmittag waren und Sie lügen ihn an. Diese Lüge wird spätestens bei Wiederholung zu einer Krise führen. Sie merken:

Nur Lügen, die negative Auswirkungen haben oder diese verbergen wollen, führen zu Krisen. Die negativen Auswirkungen kann man als Energieverbrauch des Lügenden beschreiben. Wenn es genug Energie kostet, eine Lüge aufrechtzuerhalten, wird dies in einer Krise enden. Da die außerbewusste Instanz des Selbst es ist, welche den Energieabbau „misst" und fühlt, wird eine Krise aus dieser Instanz heraus initiiert.

Der Energieverlust kann Jahrzehnte ausgehalten werden – oder auch nur wenige Momente – er ist immer selbstschädigend. Insofern ist eine Krise das Zeichen für ein Abwehr- oder Schutzverhalten des Selbst.

Jede Krise will Energieverluste minimieren.

Hier erkennen Sie einen wirklich zentralen Gewinn einer Krise. Ihre Energieverluste werden vermindert. So erschöpfend sich Überlastungen anfühlen, letztlich dienen sie dazu, die Energie, die noch verfügbar ist oder wiederhergestellt werden kann, zu retten. Deshalb: *Endlich* ausgebrannt!

Das alles offenbart die grundsätzliche Bedeutung einer jeden Krise: Eine persönliche Krise folgt einer offenkundig gewordenen, seelischen Selbstschädigung, deren Existenz man sich anfangs oder auch längere Zeit nicht stellen will.

Wer sich mit der eigenen Täuschung und folgenden Schädigung dauerhaft nicht konfrontieren will oder sie nicht verstehen will (kann), wird eine schwere Krise erleben oder eine, die besonders lange andauert. Krisen bestehen so lange fort, bis Sie deren Bedeutung und Inhalt verstehen. Das bedeutet für Burnout, es wird bestehen bleiben, bis Sie verstehen, worum es dabei tatsächlich geht. Burnout kann immer nur individuell verstanden und gelöst werden und allgemeine Empfehlungen wie eine bestimmte Lebensart können wirken, müssen aber nicht.

Eine Krise verlangt eine Änderung entweder Ihres Verhaltens oder Ihrer Einstellungen, meistens beides. Es geht also um eine Richtungsänderung, die erfolgen soll, weil sie freiwillig nicht erfolgt ist. Wer vor einer Krise vollkommen zufrieden mit seiner Situation war, hat nur nicht richtig hingesehen oder hingehört: Eine Krise beweist quasi eine große innerliche Unzu*frieden*heit, denn ihr Ziel ist, inneren Frieden wiederherzustellen. Diesen muss es einmal gegeben haben, zumindest in längst vergangenen Zeiten. Ansonsten wäre die Krise früher aufgetreten.

Eine Krise sagt somit: Etwas *muss* sich verändern, nur Sie wollen das noch nicht erkennen oder hoffen, drum herumzukommen: nur ein bisschen noch wie bisher, liebes Schicksal. Bitte nicht ich, bitte nicht jetzt.

Eigentlich haben Menschen eine aufbauende und angenehme Kraft für Veränderungen zur Verfügung, das ist ihre Motivation. Mit Motivation tun Änderungen erheblich weniger weh – im Gegenteil, sie machen Spaß und der Weg zu einem neuen Ziel wird mit Lust gegangen. Wer die Motivation nicht aufbringt, muss seinen Willen einsetzen. Und wer den nicht mehr hat, für den kommt die Krise. Letztlich gilt: Krise ersetzt Motivation. Und wenn man genauer hinschaut, muss es lauten:

Krise folgt auf den Willen und ersetzt fehlende Motivation.

Änderungen, die anstehen und für die Sie nicht motiviert sind, kosten entweder Kraft in Form von Willen oder sie tun weh in Form einer Krise oder beides. Andere Möglichkeiten sind hehre Wunschträume.

Eine Krise wird oftmals dann besonders stark empfunden, wenn zuvor viel Willensarbeit geleistet wurde – nur dass vor einer Krise der Wille fast immer eingesetzt wird, um den alten Zustand, dessen Änderung ansteht, künstlich (gegen die innerlich vorhandenen und notwendigen Bestrebungen) aufrechtzuerhalten. Damit fehlt dann oftmals für die Krise selbst ein wichtiges Regulativ, das Pulver wurde praktisch an falscher Stelle oder zu früh verschossen.

Es ist an der Zeit, zwei menschliche Ebenen anzusprechen. Die eine nennt man das Ich: Ich will das, Ich will das nicht. Ich verlange nach. Ich weigere mich. Ich bin verliebt. Ich freue mich. Das Ich, ein Ausdruck unserer Wünsche und Gedanken. Für das Ich ist es wundervoll, wenn es, auf welcher Bühne auch immer, beklatscht wird, z. B. von der Kleinfamilie ob des gelungenen Kuchens am Wochenende. Neben dem Ich gibt es eine andere Ebene, das Selbst. Selbst will das, Selbst will das nicht? Nein, das passt nicht: Unser Selbst ist der Strippenzieher im Hintergrund, sozusagen die graue Eminenz. Fast immer, wenn es „Selbst" heißt, bedeutet es: „Ich!". Selbstwirksamkeit ist die Wirksamkeit des Ich, Selbstverständnis ist das Verständnis für sein Ich, Selbstvertrauen ist das Vertrauen in die Tatkraft und das Wissen des Ich. Aber das Selbst ist die Instanz, die das Leben ermöglicht, die alle körperlichen Vorgänge steuert, die fast alles Fühlen bildet. Unser Selbst ist erheblich zentraler und von seinen Auswirkungen her bedeutsamer als das Ich, auch, weil das Selbst außerbewusst agiert.

Man kann eine Krise als einen intrapersonalen Konflikt bezeichnen, also als etwas, das in einem selbst für einen Widerspruch steht. In der Kommunikation gilt ein Konflikt als der Wunsch der Wiederherstellung der Einigkeit, der Meinungsgleichheit. Nichts anderes ist tatsächlich die Krise: Sie will zwischen der wirksamen, außerbewussten Instanz des Selbst und den teils bewussten Strukturen, vorrangig durch das repräsentiert, was wir „Ich" nennen, Einigkeit herstellen. Und so wie bei sprachlichen Konflikten meistens einer die besseren Argumente hat, hat die deutlich erfahrenere, weisere Instanz im Menschen, das Selbst, meistens die besseren Argumente.

Eine Krise ist auch eine Form von Wachmacher – das Selbst weckt mit der Krise unser Ich: Das Außerbewusste hatte sich garantiert vielmals und lange vor dem bewussten Beginn der Krise gerührt, nur war der Mensch nicht willens, die zunächst wahrscheinlich zarten Botschaften auch wahrzunehmen. Eine Krise hört auf, wenn eine der zwei Instanzen verzichtet oder sich umorientiert: Unser Ich, dann wurde der Sinn der Krise beachtet und erfüllt, oder unser Selbst, dann sind wir definitiv erschöpft oder depressiv im Sinne der psychischen Erkrankung. Eine Depression oder der Zustand totaler Erschöpfung treten dann auf, wenn das Selbst den Kampf weitgehend aufgegeben hat und die Energiereserven erschöpft sind.

Es macht wenig Sinn, solange zu warten. „Endlich ausgebrannt" bedeutet nicht, bis zum Schluss zu warten, es bedeutet, sich rechtzeitig den anstehenden Inhalten zu stellen, denn wenn eine Krise gelöst ist, ist man schlauer und sich selbst näher. Eine Krise führt meistens dazu, durch Auseinandersetzungen mit sich, anderen und anstehenden Themen seine Individualität zu formen. Dabei hat eine Krise zwei Gesichter: Einmal will sie eine Botschaft vermitteln wie „Handle anders“, zum anderen jedoch ist die Krise selbst die Botschaft: „Es geht Dir schlecht, wenn Du Dich weiter missachtest“.

Damit es überhaupt zu einer Krise kommen kann, muss eine Instanz wahrnehmen, dass Änderungen anstehen oder notwendig sind. Wie das Wort notwendig ausdrückt, geht es darum, in einer Not eine Wende zu finden. Eine Krise entsteht immer dann, wenn eine Not besteht. Eine Krise ist nichts weiter als das *Symptom* für eine bereits bestehende Dysbalance, der eine Not innewohnt.

Jede Krise will eine fehlende Balance wiederherstellen und eine bestehende Not beenden.

Das Scheitern, welches Burnout andeutet oder präsentiert, wird verständlich als schlimm, schrecklich und traurig empfunden. Aber dies ist es auf Dauer nicht: Es ist ein Zeichen für den normalen Weg des Menschen. Wichtig ist zu wissen, vom Leben und von anderen Menschen aufgefangen werden zu können, wenn man es zulässt. Wer jedoch an ersehnten Wundern und unrealistischen Wünschen festhält, verlängert sein Leiden.

Eine Krise ist der Anfang der *Lösung*, sie führt nicht nur dorthin, sondern sie ist Teil davon! Die Krise ist also kein Teil des Problems, sie führt von dort weg und damit kann die Krise selbst nie das Problem sein, so unangenehm sie sich anfühlt. Wer also sein Augenmerk nur auf die Krise richtet, lenkt sich selbst von den Ursachen ab. Deshalb sagte Max Frisch: „Krise kann ein produktiver Zustand sein. Man muss ihr nur den Beigeschmack der Katastrophe nehmen.“

Eine Krise ist letztlich eine über Millionen Jahre auf der Erde etablierte Methode, um Fortschritte und Lösungen zu ermöglichen. Nun können Sie sich fragen, warum es einer Krise bedarf, um das zu erreichen. Das liegt an einer schlichten Tatsache, welche diverse sprachliche Ausschmückungen erfahren hat: fehlende Selbstwahrnehmung, Bau von Luftschlössern und sich darin einnisten, der innere Schweinehund, fehlende Tatkraft, Hoffnung und so fort. Wenn man nicht tut, was ansteht, dann wird es über die Krise erzwungen. Diese Tatsache wird bei großen Krisen wie Wirtschaftskrisen oder Finanzkrisen auch jahrelang verdrängt, was zu massiv erhöhten Kosten führt. Krisen verhalten sich im Großen also genauso wie im Menschen.

Eine Krise hat eine Form von Eigenleben: Sie will den Menschen zwingen, sich mit dem wirklich Wesentlichen zu befassen. Sie hat also eine lenkende Funktion. Da das Wesentliche im Leben in aller Regel nichts Materielles ist, haben die meisten nach einer Krise – zumindest zunächst – weniger Materielles, also auch weniger Geld als vorher. Je stärker man am Geld oder allgemein am Materiellen klebt, umso länger wird die Krise dauern und umso größer werden die tatsächlichen Verluste werden. Man kann sagen: Wer es nicht wahrhaben will, *muss* es damit irgendwann wahrhaben. Dabei gilt eine einfache Regel:

Krise: gern, danke ja, sofort!

Aus den beschriebenen Gründen darf man eine Krise begrüßen, selbst wenn sie Mühe, Ärger, Angst, Sorge, Unklarheit und vieles andere bedeuten mag, was sich keiner wünscht. Es gehört dann dazu, diese Gefühle zu akzeptieren, auch die Verzweiflung, Angst und Verletzung. Das „sofort“ bedeutet in diesem Kontext, je länger man das, was einem die Krise mitteilen möchte, nicht versteht oder nicht verstehen will, umso länger wird auch die Krise dauern.

Deshalb ist es von Vorteil, sie rasch anzunehmen und die darin enthaltenen Botschaften ernst zu nehmen.

Die 6 Stufen einer Krise

Eine Krise läuft in Stufen ab, wobei in der Regel keine Stufe ausgelassen wird.

Stufe 1: Unbemerkter Energieverlust

Am Beginn steht die Lüge, vornehmer: Die Realitätsverkennung, die Wahrheit wird nicht gesehen. Dieser Zustand wird von Verleugnung und einer Dissonanz zwischen Soll und Ist geprägt. Änderungen wären notwendig, aber in diesem *Stadium nicht erkannter Dysbalance* in Form der Diskrepanz zwischen Anspruch und eigener Wirklichkeit geschieht nach außen nichts Erkennbares. Innen führt die Dysbalance zu Energieverlust.

Die typischen Inhalte der anfänglichen Dissonanz sind:

- Sie können etwas (noch) nicht verstehen. Grund: Je weiter die Ursache der Krise zurückliegt, umso zäher das Mühen – auch schon, damit nicht alles Bisherige vergebens war.
- Sie wollen etwas nicht wahrhaben. Folge: Die eigenen Bedürfnisse werden konsequent unterdrückt. Diese liegen viel eher im Bereich von Liebe und Anerkennung als von Geld.
- Sie kümmern sich vorrangig um Ihren Schein, nicht um Ihr Sein. Folge: die Überbetonung des Ich, die Missachtung des Selbst.
- Sie haben wesentliche Ihrer Ziele aufgegeben oder sogar verraten. Frage: Was war Ihnen also einmal wichtig?

- Sie verfolgen andere Ziele und Inhalte als Ihnen wirklich wichtig sind. Zustand: Sie sind durch andere Inhalte gefangen, sowohl in Bezug auf das Thema selbst als auch auf Ihre Zeit.
- Sie möchten sich eigentlich mit jemandem auseinandersetzen, tun es aber nicht. Frage: Mit wem? Tragen Sie statt dessen Kämpfe mit Menschen aus, um die es im Kern nicht geht?
- Sie missachten die eigene Glaubenswelt.

Stufe 2: Passivität und Lethargie

Mehr oder minder rasch kommt es zu *fühlbaren* Symptomen des Energieverlusts, bei Weitem nicht nur durch Erschöpfung oder Leistungsabnahme, sondern vorrangig durch Unzufriedenheit. Niemand ist im inneren Einklang mit sich, wenn er fortlaufend Energie verliert und nicht genügend Ressourcen neu aufbaut. Das Gefühl wird irgendwie wahrgenommen, aber nicht ernstgenommen. Es ist ein *Stadium unerwünschter Gefühle.* Folge der Inaktivität und des Unwillens, die anstehenden Aufgaben anzugehen, sind Unlust und Abwehr. Es wird nicht getan, was ansteht. In dieser Stufe kann auch Hoffnung keimen, es ginge doch ohne weitere Entscheidungen und Handlungen. Damit bekommt die Hoffnung eine kontraproduktive Note, der Energieverlust schreitet voran. Da die Motivation fehlt, muss die Krise quasi einspringen.

Stufe 3: Suche

Jetzt wird die Krise als Krise wahrgenommen. Praktisch immer wird die Krise selbst als Erstes bemerkt und die zugrundeliegende, nach Auflösung verlangende Lüge nicht.

Das ist in etwa so wie mit Frau Lichtgestalt, die eifrig etwas auf dem Gartenboden sucht und sucht und sucht. „Was suchst Du?“, fragt ihr Nachbar, der das Ganze schon eine Zeitlang beobachtet hatte. „Meinen Schlüssel“, sagt Frau Lichtgestalt. Ihr Nachbar ist nett und sucht mit. Beide robben eine Zeitlang auf den Knien und suchen. Schließlich fragt der Nachbar: „Wo hast Du ihn denn in etwa verloren?“ „Im Haus.“ „Wie bitte? Warum suchst Du ihn dann im Garten?“ „Weil es hier heller ist.“

In Stufe 3 ist das *Stadium heftiger Betriebsamkeit* erreicht, meistens zunächst als Abwehr, die sich der Krise gegenüber aggressiv äußert. Die Abwehr äußert sich auch kollektiv dahingehend, dass Ursachen im Außen für die persönliche Krise gesucht werden. Dort fündig zu werden, ist kein Problem, denn letztlich kann vieles dafür herhalten.

Stufe 4: Annäherung an das Erkennen und Verstehen

Da die seelische Krise den Sinn hat, auf etwas bisher nicht Wahrgenommenes aufmerksam zu machen, findet eine Krise in einem Menschen niemals leise statt, sonst würde er bisher nicht Erhörtes weiter überhören. In diesem *Stadium des Krisenerlebens* kommt es zu Aufruhr, Abwehr, Verzweiflung, Resignation, Traurigkeit und Hoffnung und vielen anderen, sehr bewegenden Gefühlen. Wer die Kraft nicht aufbringt, sich den wahrhaftigen Ursachen seiner Krise zu nähern, flieht schließlich in erheblich ruhigere, verhaltene, dann auch erdrückende Gefühle, die man Depression nennt. In dieser kann es zu höchst autoaggressiven Taten wie Suizid kommen.

Stufe 5: Änderung

Im guten Fall versteht der Mensch, was ihm die Krise sagen möchte. Der innere Widerstand gegen das, was nicht gesehen wurde, vermindert sich und es taucht Licht am Ende des Tunnels auf, denn nun wird erstmals die Möglichkeit spürbar, die intrapersonale Einigkeit wiederherzustellen, dieses *Stadium der möglichen Balance*, führt erstmals zum Gefühl, dass es doch – anders als bisher – gut weitergehen kann.

Stufe 6: Neue Stabilität

Diese Änderung ist in den meisten Fällen nicht nur eine Haltungs- oder Einstellungsänderung, sondern Verhaltensänderungen sind angezeigt, um Krisen zu beenden. Das neue Verhalten muss erst längere Zeit trainiert werden, bevor es zu einer wirklichen, neuen Stabilität führt.

Backe, backe Kuchen

Das Kleben an alten Vorstellungen hängt auch damit zusammen, etwas nicht aufgeben zu wollen, in das man mehr oder minder viel investiert hat, seien es Zeit, Geld, Kraft, Ideen, Empathie und so fort. Wer in einer Krise längere Zeit lebt, lebt vielleicht in einer Form von Optimierungs- oder Erhaltungsillusion. Es darf nicht sein, alles scheinbar umsonst gegeben oder durchlitten zu haben. Dabei wäre es so einfach: Denken Sie an ein kleines Kind, das im Sandkasten spielt. Es nimmt eine Backform und backt Sandkuchen. Manchmal setzt es Kuchen neben Kuchen, fast immer zerstört es selbst den oder die Kuchen, um sogleich den nächsten zu backen. Das Ganze kann Stunden lang so gehen, innerhalb von Monaten oder Jahren wiederholt. Niemals gibt das Kind auf, niemals ist es traurig, etwas selbst zerstört zu haben, und immer wieder freut es sich am neuen Sandkuchen.

Das Selbstgemachte der Krise entspricht dem notwendigen Zerstören des Sandkuchens, der jedoch statt aus Sand letztlich aus Beton hergestellt wurde. Bis hierhin gleichen sich die Vorgänge – aber nun wird es ganz anders: Kein Erwachsener freut sich an der Krise, daran, etwas neu oder anders zu beginnen, noch nicht einmal daran, etwas Ähnliches wieder aufzubauen. Da kann man nur sagen: Gib uns die Kraft, zu werden wie die Kinder.

Dazu wird immer gehören, auf Ansprüche und Vorstellungen zu *verzichten*: Etwas wegzulassen funktioniert eindeutig besser, als noch mehr zu wollen. Und schon ist es wie im Sandkasten: Wenn man nicht mehr versucht, festzuhalten, dann löst es sich.

No crisis, no life

In vielen Köpfen herrscht die Idee vor, eine Krise könne nur entstehen, wenn man nicht aufpasse, fundamentale Fehler mache. Da solches einem selbst nicht unterlaufen könne, sei man gefeit. Weit gefehlt, wie die Realität zeigt, aber es tut gut, sich im Sicheren zu wähnen. Und bei so manchen mag der Lebenslauf auch entsprechend gnädig verlaufen; die allgemeine Erfahrung sagt jedoch, dies ist eine Ausnahme. Wer aber noch nicht einmal in seinen kühnsten Alpträumen sein eigenes Scheitern als fernes Risiko zulassen mag, wird umso beeindruckter sein, wenn sich ein solches abzeichnet. Dann fehlt der berühmte Plan B, denn eigentlich hätte der ja nie notwendig sein sollen. Ohne die Fähigkeit, in Alternativen für sich selbst zu denken, kommt man in eine Sackgasse: So wollte ich das, so muss es sein, und anders darf es nicht kommen.

Es gibt eine letzte Krise im Leben: den Tod. Auch wenn der Ausgang dieser Krise immer derselbe ist, weil das Leben geht, kann man von Menschen in dieser letzten Krise einiges lernen. Bronnie Ware arbeitete viele Jahre lang als Krankenschwester in der Palliativmedizin und -pflege. Sie begleitete sterbende Menschen in ihren letzten Wochen. Bei ihren Gesprächen mit den Menschen hat sie fünf *unerfüllte Wünsche* dieser erkannt und zusammengefasst (zit. n. Pollmer 2012):

Fünf unerfüllte Wünsche

„Ich wünschte, ich hätte den Mut aufgebracht, ein Leben getreu mir selbst zu führen – anstatt eines, das andere von mir erwarten."
Hier geht es um Authentizität und um Selbstliebe.
„Ich wünschte, ich hätte nicht so viel gearbeitet."
Hier geht es darum, für sich selbst Grenzen zu setzen.
„Ich wünschte, ich hätte den Mut aufgebracht, meine Gefühle zu zeigen."
Hier geht es um emotionale Kompetenz.
„Ich wünschte, ich wäre mit meinen Freunden in Kontakt geblieben."
Hier geht es um soziale Einbindung.
„Ich wünschte, ich hätte mich glücklicher sein lassen."
Hier geht es um Achtsamkeit sich selbst gegenüber.

Damit wurde festgehalten, was Sinn und Nutzen einer Krise sind: Sich diese Wünsche zu erfüllen, solange man sicher lebt.

Burnout ist keine Strafe, sondern eine Korrektur.

3 Die Stichflamme leidet an Sauerstoffmangel

Die Lösungsbemühungen eines Krisengeschüttelten unterhalten das Problem. Das ist einleuchtend, denn wenn seine Versuche, eine Krise zu lösen, erfolgreich wären, wäre die Krise vorbei. Die Erfahrung zeigt jedoch ein besonderes Phänomen dabei: Wer mit einer bestimmten Lösung nicht zu seinem Ziel kommt, wiederholt dennoch die einmal eingeschlagene Lösung, meistens mit wenigen Variationen, nur dass er es auf irgendeine Weise intensiver anstellt. Offenbar unterliegt er dem Irrtum, irgendwann muss es schon klappen.

Bitte nicht ich, bitte nicht jetzt, bitte nicht hier

Wer merkt, wie sehr sich sein Leben und seine Zufriedenheit von dem entfernen, was er als normal oder gesund empfindet, für den wäre es eine Chance, die Vorgänge in ihm als markante Aufforderung zu verstehen, sich endlich um die wahren Ursachen seiner Krise zu kümmern. Durchhalten ist keineswegs in jedem Fall klug oder ein Zeichen von Stärke, viel eher von Starre und letztlich von Selbstschädigung. Es hat etwas davon, sich daran zu erfreuen, gegen sich selbst kämpfen zu können. Nun ist es so, dass Menschen sich selbst im Leben oft schaden, weshalb Burnout als Freund zu betrachten, als eine gute Chance, aus einer Art von Sackgasse wieder herauszukommen, vielen schwerfallen wird. Obgleich die meisten Menschen die Erfahrung gemacht haben, dass Krisen auf Dauer den passenden Weg weisen und den Betroffenen stärken, fällt es schwer, wenn man sich gerade in einer befindet, sie demütig als eine Chance zur Stärkung zu betrachten und damit zumindest einen Teil des inneren Widerstands gegen sie aufzugeben. So weit zu kommen, dass die eigene Erschöpfung die Auswirkung einer eigenen Entscheidung ist, fällt mindestens ebenso schwer. Die Entscheidung traf dabei nicht das Ich, vereinfacht das Bewusstsein, sondern die Instanz, welche fundamental wirkt. Denn mit der Entscheidung, nun eine Krise zu veranstalten, verschafft sich das Selbst Gehör. Wenn das Ich lange Zeit zu arrogant, unwillig oder unfähig war, grundsätzliche Probleme der eigenen Person zu realisieren und darauf einzugehen, muss irgendwann die Entscheidung von einer anderen Instanz getroffen werden. Diese Entscheidung beinhaltet immer den Aufruf zur Selbstkritik und diese ist besonders schwer aufzubringen, wenn es einem bereits schlecht geht.

No eternal flame

Abgebrannt sein, das kennen so manche. Heute nennt sich das vornehm Insolvenz oder Pleite und ein Schuldenschnitt wird ersehnt. Was hingegen *ausgebrannt sein* ist, kann niemand so ganz genau beschreiben. Dabei ist Ausgebranntsein schon ein hartes Wort: Wer sich so bezeichnet, benennt sich selbst als Kohle oder als einen Aschehaufen – und der ist man in der Regel nur unter zwei Konditionen: Erstens, man ist tot, zweitens, die Nachkommen wählen die Feuerbestattung. Aber so weit soll es nicht kommen. Es gibt tatsächlich bis heute keine allgemein anerkannte, wissenschaftliche Definition für Burnout. Es heißt in aktuellen Veröffentlichungen, Burnout sei keine Erkrankung (Berger et al. 2012). In der Logik dieser Idee, die hochoffiziell von der Deutschen Gesellschaft für Psychiatrie, Psychotherapie und Nervenheilkunde

(DGPPN) verabschiedet wurde, ist Burnout *noch* keine Erkrankung, eine eventuell daraus folgende Depression aber schon. Vorteil für die Krankenkassen: Wenn Burnout keine Erkrankung ist, müssten sie die Kosten für deren Behandlung grundsätzlich nicht übernehmen. In Fortführung der Logik müssten ab sofort Behandlungskosten für Bronchitis nicht mehr übernommen, es sollte gewartet werden, bis eine Lungenentzündung daraus entstanden ist. Dann wundert einen doch, dass Burnout in Statistiken der Krankenkassen überhaupt geführt wird. Unklarheiten allenthalben.

Deshalb folgt nun eine Beschreibung dessen, wie Burnout in diesem Buch definiert wird, damit Sie und ich vom Gleichen sprechen.

Burnout wird durch drei Kriterien beschrieben:

1. **Emotionale Erschöpfung:** Ohne diese Bedingung kommt Burnout nicht vor. Darunter wird ein Zustand verstanden, bei dem in einem Menschen Sätze und Inhalte wirken wie: „Ich kann nicht mehr", „Es hat alles keinen Sinn", „Was tue ich hier eigentlich?", „Ich brauche dringend Urlaub", „Ich kann so nicht mehr weitermachen", „Ich fühle mich leer". Wenn solche Sätze nicht nur einmal im Monat, beispielsweise beim Erhalt der Gehaltsabrechnung, auftreten, sondern stetig in einem wirken, besteht emotionale Erschöpfung.
2. **Depersonalisation:** Sie äußert sich in einem Entfremdungserleben der eigenen Person gegenüber und kann als Versuch gedeutet werden, ein unerträgliches Gegenwartsgeschehen durch Dissoziation auf Distanz zu bringen. Die Betroffenen fühlen sich emotional taub oder erstarrt, klagen über Veränderungen der visuellen und körperlichen Selbstwahrnehmung und geistigen Aktivität, die automatisiert und unwirklich empfunden werden. Es kommt zur Reduktion sowohl des beruflichen

Engagements als auch im privaten Bereich, zum räumlichen Rückzug, zur Vermeidung von sozialen Kontakten. Dieses Phänomen wirkt nach außen entweder so, als würde der Betroffene für nichts mehr zur Verfügung stehen oder als würde er anderen mitteilen wollen, sie könnten ihn gernhaben.

3. Das dritte Kriterium ist die **Leistungsabnahme**, welche in der Anfangszeit von Burnout nicht erkennbar werden muss.

In Analogie zu den drei Hauptkriterien gibt es drei Phasen:

1. Die **hyperaktive Phase**: Ganz anders als bei fortgeschrittenem Verlauf sind die Menschen sehr aktiv, das sind Mitarbeiter wie man sie sich wünscht und Selbstständige wie sie im Buche stehen. Burnout basiert auf selbstgestrickten Fallen: Ein zu hohes Anspruchsniveau sich selbst, seinem Status, seinen Zielen, seinen Einnahmen und seinen Leistungen gegenüber; es wird also eine Selbstüberforderungsfalle aufgebaut, deren Ausdruck eben jene Hyperaktivität ist. Unzufriedenheit begleitet von vornherein den Verlauf, gerade in der anfänglichen Hyperaktivitätsphase führt dies zu einem erstaunlichen (meist vom Betroffenen jedoch nicht bemerkten) Widerspruch zwischen dem Erfolg nach außen und unpassendem, eben unzufriedenem Gefühl nach innen. Bereits dieser Widerspruch wäre Grund genug, so man nicht ausbrennen möchte, nicht so weiterzumachen wie bisher. Ist es aber meistens nicht.

   Das überdurchschnittliche Engagement in der Anfangszeit wird später als rechtfertigendes Argument herangezogen, jemand, der ausgebrannt sei, sei früher einmal besonders entflammt gewesen. Wenn man hinter die Kulissen dieser Argumentation schaut, wird klar, dass es sich nicht um eine dauerhafte, ehrliche Entflammung handelt, sondern um eine eher bemühte Stichflamme. In aller Regel ist das große Engagement zwar nach außen und im Selbstverständnis der Menschen berufsbedingt, in der Tat jedoch wird sich engagiert, um zu überspielen, dass man sich nicht oder deutlich weniger oder ganz anders einsetzen will; oder aber, um ein kindliches Muster auszuleben, sich mit der Leistung besonderes Wohlwollen oder Liebe zu verdienen. Da dies nicht funktioniert, kommt es zu einer Form von Kränkung, die wehtut.

Wer wirklich zutiefst begeistert ist von einer Tätigkeit und sich deshalb engagiert, brennt nicht aus. Es gibt Menschen, die 60 oder 80 Stunden pro Woche begeistert arbeiten und die dennoch auch über Jahrzehnte keine Anzeichen von Erschöpfung zeigen.

2. **Phase des Rückzugs**: Nun muss ein Beruf einen nicht begeistern, sondern interessieren, und kein Mensch muss mehr als vereinbart arbeiten; wer dies trotz normalen Interesses oder sogar bei bestehender Abwehr der Tätigkeit gegenüber meistens aus den zwei oben beschriebenen Gründen dennoch fortgesetzt tut, braucht sich nicht zu wundern, wenn die zweite Phase von Burnout beginnt, die des Rückzugs. Diese zweite Phase ist ein Schutzmechanismus vor den wiederholt auftretenden Enttäuschungen, die vorrangig aufgrund der selbst kreierten Überforderung und falscher Erwartungshaltung auftreten. Vielleicht war die Begeisterung für die Tätigkeit doch nicht so groß oder so ehrlich, vielleicht ist das Ziel, möglichst viel Geld oder Status anzuhäufen, doch nicht erfüllend, vielleicht ist man gar nicht so sachkundig wie man tut. In dieser Phase tritt die Unzufriedenheit noch stärker in den Vordergrund. Die in der zweiten Phase erstrebte

Distanz von allem und allen betrifft spätestens jetzt einen selbst am meisten – sie ist der vergebliche Versuch, sich vor sich selbst und den eigenen Problemen zu schützen.

3. Phase der inneren Leere: Wenn nicht endlich eingegriffen wird, folgt die Endphase von Burnout, das, was die meisten mit Ausgebranntsein in Verbindung bringen: Völlige innere Leere herrscht vor, spätestens jetzt können Suizidideen auftauchen und Sucht (Alkohol, Nikotin, Tabletten und anderes) ist häufig. Diese Phase ist von einer „üblichen" Depression nicht zu unterscheiden. Ein Problem ist das allgemeine Desinteresse, welches zur Lähmung und damit auch zur Unfähigkeit beiträgt, Lösungen für sich zu finden. In diesem Zustand ist es gut, wenn man einen verständigen Partner an der Seite hat, der einen bei den Therapiesitzungen begleitet; Paartherapie ist heute ja ganz „in". Der Therapeut wird im Dialog den Partner ermahnen: „Ihr Partner leidet an schwerem Burnout. Er braucht absolute Ruhe." „Ich weiß, aber er hört einfach nicht auf mich." „Wunderbar, das ist ein guter Anfang!" (nach Trenkle 2000a).

Ich leide gern und leise

Eine der höchsten Fähigkeiten des Menschen ist, etwas *entgegen* seiner Bedürfnisse zu tun. Dies unterscheidet ihn fundamental vom Tier, welches immer entlang seiner eigenen Bedürfnisse handelt. Das Problem für Menschen besteht darin, dass diese Fähigkeit spätestens mit der Schulzeit automatisiert wird und als ein normales Verhalten gilt, welches nicht nur in Ausnahmesituationen genutzt wird. Wenn Menschen *nicht* spontan mit einer Situation, einem Verhalten, einer Einstellung, einer Tatsache einverstanden sind, kommen sie in eine Situation, in der sie ihre Bedürfnisse als unerfüllt empfinden. Dann wählt die überragende Mehrzahl den Weg des inneren Widerstands oder der inneren Verweigerung, sie ertragen es (Bergner 2013). Statt sich mit dem anstehenden Thema konstruktiv auseinanderzusetzen, was zum Verlassen der Situation, zu ihrer Änderung oder zu einer aufbauenden, konstruktiven Einstellung führen würde, tut der Mensch, als würde er mitmachen, innerlich jedoch wirken widerstrebende Empfindungen wie „Ich mag das nicht“, „Ich will das nicht“, „So nicht, jedenfalls nicht jetzt“. Dies ist eine Kernkonstellation der Lüge, welche zu Burnout führt. Das Problem dabei: Oftmals ist die Konstellation dem Betroffenen vollkommen unklar, auch, weil diese Konstellation bereits in früher Kindheit entstanden sein kann, also nichts mit dem Beruf zu tun haben muss.

Ob Burnout nun vorrangig mit persönlichen Faktoren zusammenhängt ober ob es vorrangig ein Problem der Arbeitswelt und Arbeitsbedingungen ist, ist eigentlich gleich (Berger et al. 2012). Denn erschöpft ist der Mensch, nicht die Arbeitswelt. Burnout scheint eine Mischung aus Anpassungsstörung („Ich will das so nicht“) und Depression („Ich kann das so nicht“) zu sein: „Ich kann das so nicht wollen“ und „Ich will das so nicht können“. Das erinnert doch an das Stoßgebet: *Herr, du hast mir das Können genommen, nun nimm mir auch das Müssen!*

Das offizielle Etikett

Wenn man über Burnout spricht, weiß jeder sofort, was damit gemeint ist. Wenn man dann die individuelle Auffassung erfragt, stellt man erstaunt fest: Jeder meint ein bisschen etwas anderes. Diese Erkrankung passt genau in die

Vorstellung vieler Menschen, die sich im Alltag immer unsicherer fühlen und die einen Druck von scheinbar nach oben unbegrenzten Leistungserwartungen spüren. Burnout als Erleben entspricht einem subjektiven Störungsmodell des Betroffenen – das bedeutet, Burnout hat viel von einer eigenen Konstruktion, ja, Kreation.

Eine einschneidende Krise wie sie Burnout darstellt, bringt einen der scheinbaren Gefahr nahe, den eigenen Lebensentwurf als gescheitert akzeptieren zu müssen. Sich das einzugestehen, ist schwer, sehr schwer, manchen ist dies auch auf Dauer kaum möglich. Wer sich nicht eingestehen kann, eventuell an den Anforderungen zu scheitern, ist lieber ausgebrannt. Das klingt wenigstens nach was, danach, wirklich lange Zeit wirklich viel zu viel gegeben zu haben. Scheitern ist eine persönliche Schwäche, auszubrennen ist Schuld des Systems, des Arbeitgebers oder der Gesellschaft schlechthin. Um das Drama der Krise Burnout nicht unmittelbar erleben zu müssen, es so weit wie möglich von sich zu halten, hat diese Krise den Ehrentitel Burnout verliehen bekommen.

Man kann so weit gehen zu schreiben: Wer nicht ausgebrannt ist, hat nicht genug getan, war nicht wichtig genug, hat nicht genug für den Job gebrannt. Im Umkehrschluss: Wenn ich ausgebrannt bin, dann habe ich genug getan, bin wichtig und war immer vom Beruf begeistert. Burnout ist eine zumindest in Ansätzen sozial anerkannte Abweichung, weil es als so etwas wie ein Planübererfüllungssyndrom betrachtet wird, ein Ausdruck von anerkannt zu großer Belastung. In gewisser Weise adelt Burnout sogar, wird es doch einem Beweis für maximalen Einsatz gleichgestellt. Ein Medizinsoziologe definiert Burnout entsprechend als ein „kritisches Stadium einer (beruflichen) Verausgabungskarriere bei bisher leistungsfähigen Personen, sich äußernd durch den Zustand intensiver psychophysischer Erschöpfung und aus ihr resultierender Beeinträchtigungen" (Siegrist 2012).

Burnout ist vom Selbstverständnis vieler Betroffener ein Ausdruck, der Identität ermöglicht, in dem sie sich leicht wiederfinden können – Therapeuten nennen das dann eine external attribuierbare Rechtfertigung für eigenes Leiden (Dießel 2012), zu Deutsch: eine Schuldzuweisung und damit ein Übergehen der Eigenverantwortung. Das bedeutet auch ein Festklammern an einem falschen Selbstbild: Ich bin o.k., Du (Partner, Unternehmen, Beruf) bist es nicht. Damit wird vornehm die Frage umgangen, ob ich vielleicht doch nicht so o.k. bin mit diesem Partner, in diesem Unternehmen oder in diesem Beruf. Das ist problematisch, denn statt die Themen zu bearbeiten, um die es tatsächlich geht, wird sich an ein falsches Selbstbild geklammert, das auf Selbsttäuschungen beruht (Dießel 2012). Es wird alles getan, um im Außen einen Feind zu finden. Die überragende Mehrzahl der Burnout-Ratgeber unterstützt diese Idee, sie ist leichter verkäuflich.

Burnout hat etwas von einem erträglichen Label, eine Form von Markenzeichen, welches statt der Schublade „Erschöpfungsdepression" benutzt wird. Es macht schon was her, an Burnout erkrankt zu sein, statt unter einer schnöden Depression zu leiden. Warum soll ich Dacia fahren, wenn es auch ein Jaguar sein kann?

Je höher die Bildung, umso eher wird Burnout statt Depression diagnostiziert. Depression ist statistisch betrachtet etwas für Menschen mit einem geringen sozioökonomischen Status (Ballwieser 2012). Besser ausgebildete und besser verdienende Menschen brauchen sich in die Niederungen einer Depression inzwischen nicht mehr zu begeben, sie bekommen lieber Burnout.

Wer die Diagnose Depression befürchtet, hat eine hohe Schwelle, einen Arzt oder Therapeuten aufzusuchen. Wer Burnout hat, geht nahezu leichten Fußes in die Praxis (Geyer 2012). Dank an Burnout für die beginnende Entmystifizierung und Entstigmatisierung seelischer Erkrankungen.

Nehmen ist seliger denn geben

Da Burnout bisher nicht wirklich, erst recht nicht allgemeingültig definiert wurde, wird darunter verstanden, was man will – und deshalb ist es ein Leichtes, auch Hilfen anzubieten, wie man will. Nur wurde bisher dabei übersehen, welchen Sinn es macht, auszubrennen. Es bleibt abzuwarten, wann (vielleicht schon nach diesem Buch) die ersten Vermarktungsangebote für Ausbrennkurse kommen.

Das Thema des Ausgebranntseins hat ein enormes kommerzielles Potenzial, wobei es nicht nur um Erholungsangebote allgemeiner Art geht, auch scheinbar oder tatsächlich strukturierte therapeutische Hilfen werden kommerziell angeboten. Grundsätzlich ist das deckungsgleich, was zur Prävention und zur Behandlung angeboten wird; aber das ist ein Phänomen, welches in der Psychotherapie anderer Störungen in gleicher Weise besteht. Seien Sie stolz auf Ihre Entscheidung für Burnout, weil viele von dieser profitieren werden: Dazu gehören nicht nur naheliegende Menschen wie Ihr eigener Therapeut, oder, wenn Sie es sich leisten können, Ihr Personal Trainer namens Coach, ganz andere werden Ihren Weg wirtschaftlich begleiten. Denn zunächst werden Sie es natürlich mit Selbstmedikation versuchen.

Damit Sie sich ein realitätsnahes Bild davon machen können, welche Wirtschaftskraft und -macht in Ihrem eigenen Ausbrennen steckt, hier eine alphabetische Auflistung der möglichen Angebote gegen und wirtschaftlichen Nutznießer von Burnout:

Angebote gegen und ökonomische Nutznießer von Burnout

- Achtsamkeitsübungen
- Aktivitäten mit Freunden
- Anti-Burnout-Kurse
- Apothekenberatungen
- Benediktinerklöster (diese Klöster erwirtschaften inzwischen die Hälfte ihrer Einnahmen mit Burnout-Gruppen, Oasentagen und Kontemplationskursen [Dolak et al. 2012])
- Beschäftigung mit Philosophien vollkommen unterschiedlicher Genese
- Darmbehandlung
- Entspannungsübungen
- Farb- und Klangschalentherapien
- geistige Nahrung durch Museums- und Theaterbesuche sowie anderer Kultureinrichtungen
- gesunde Ernährung („Powerfood", „Stressfood", „Vitalstoffmangel", „Mineralmangel", Vitaminzufuhr)
- Heilpraktiker
- Krankenversicherungen
- kreative Tätigkeiten wie Malen oder Musizieren
- Massagen
- Medien inkl. Online-Angebote
- Musik (Anti-Burnout-CDs)
- Naturheilkundliche Methoden
- Reduktion von Alkohol und Nikotin
- One-Night-Stands (Sex als Ware, oftmals in beidseitigem Einverständnis und ohne direkte Bezahlung außer der, den Körper zur Verfügung zu stellen)

- Ratgeber (die Sie in der Regel vor dem Burnout schützen wollen, welche Naivität!)
- Reisebüros
- Spiritualität und Religion
- Sport jedweder Ausprägung (insbesondere, siehe oben, kann Zumba empfohlen werden)
- Thomas Bergner, denn Sie lesen gerade sein Buch
- Tiere pflegen und erleben
- Urschrei-Therapeuten
- Verlage
- Wellness-Reisen und -Hotels
- Wellness-Duschen

Falls Ihnen die Auflistung nicht genügen sollte: Auch die wissenschaftlich orientierten Psychotherapeuten haben Sie als Zielgruppe längst entdeckt. Ob Sie sich gleich für das geraffte Komplettangebot eines Verhaltenstherapeuten entscheiden oder doch lieber den langen, steinigen Weg der Psychoanalyse wählen, um nur zwei der bei Burnout angebotenen Möglichkeiten zu nennen, können Sie in Versuchssitzungen mit Therapeuten Ihrer engeren Wahl klären.

Ich möchte Ihnen zur krönenden Abrundung meinen Anti-Burnout-Tee ans Herz legen; er wirkt nahezu garantiert, später dazu mehr.

Hinter den meisten kommerziellen, aber auch vielen therapeutisch-stationären Angeboten steckt offenbar die Idee, man könne es für die Vereinnahmung durch die Work-Life-Balance-Fraktion freigeben, weil Burnout auch irgendwie mit Stress zu tun zu haben scheint. Und so wird auf Teufel komm raus gegen Burnout „gewellnesst".

Vielleicht denken Sie nun: Burnout ist doch eine Form der *seelischen* Erschöpfung. Wie sollen vorrangig körperliche Maßnahmen diese Erschöpfung lindern können? Aber vieles, das der übliche Markt hergibt, Wellness im weitesten Sinn, wirkt konzentriert auf den Körper. Mit Entspannung kann man Anspannung abbauen. Wie soll mit Entspannung eine Erschöpfung behandelt werden? Das eine hat mit dem anderen nur mittelbar zu tun. Einer Erschöpfung begegnen Sie, indem Sie Ihre Kraft wieder aufbauen, nicht, indem Sie Anspannungen abbauen. Sie brauchen bei Erschöpfung offenbar eine Schöpfung, etwas, aus dem Sie Energie schöpfen können, es geht um seelische Kraftquellen.

Wenn Sie nun in wirklich fundierte, wirklich wissenschaftliche Publikationen zu dem Thema schauen, dann können Sie lesen: „Je breiter der Ansatz und je intensiver die Maßnahme, umso wirksamer ist sie“ (Hillert 2012). Ist das nicht eine wundervolle Umschreibung für das, was als Gießkanne bezeichnet werden kann, sogar als eine Gießkanne mit wissenschaftlich gedüngtem Wasser? Sehen Sie, brennen Sie bitte zunächst aus und tun Sie dann, soviel Ihnen möglich ist, dagegen, Sie werden auch unter wissenschaftlichen Gesichtspunkten seriös dazu aufgefordert. Es ist eine echte Win-win-Situation: Sie erfüllen moderne wissenschaftliche Erkenntnisse und zugleich tun Sie auch etwas für Geldumsätze in diversen Branchen. Denn Kosten auf der einen Seite bedeuten immer auch Gewinner auf der anderen Seite. Das entspricht dem Energieerhaltungssatz der Physik, welchen selbst Einstein nicht bezweifelte. Es geht keine Energie verloren, genauso wie kein Geld verlorengeht, es wird immer nur umverteilt. Gewinner sind alle, die sich um Ihre seelische Gesundheit Gedanken machen.

Diese vielen Menschen und Wirtschaftsbranchen brauchen die zunehmende seelische Instabilität von möglichst vielen. Es ist also eine Aufgabe von staatstragender und staatserhaltender Relevanz, auszubrennen.

Die Burnout-Revoluzzer

Burnout ist eine Metapher für den Zeitgeist, für eine in unsere Zeit passende Idee. Aber was ist das Charakteristische an dieser Idee und warum hat das Konzept, durch krankmachende Erschöpfung im Beruf an einer eigenständigen, irgendwie neuen oder in die heutige Zeit passenden Krankheit zu leiden, in der Gesellschaft eine hohe Akzeptanz (Geyer 2012)?

Es kann mit einem Vergleich verdeutlicht werden: Nach Ansicht des Zen existiert die Ebene nicht, die man als „Ich" empfindet. Wenn man das versteht und verinnerlicht, geht es einem – laut Zen – richtig gut. Da wundert einen nur, welche Instanzen bei Zen-Seminaren die Einladungen verschicken, und erst recht, welche die Rechnung stellen. Wie dem auch sei, es gibt ernstzunehmende Argumente, welche das Ich als Illusion verstehen. Es gibt ein einziges Problem dabei: Über sieben Milliarden Menschen nutzen nicht nur den Begriff „Ich" für sich selbst, sondern *empfinden* sich auch als „Ich". Etwas, das in einer solchen Übermacht falsch verstanden wird (nach Zen), ist in der Wirklichkeit aufgrund der Übermacht nicht mehr falsch – und Ähnliches gilt für Burnout. Natürlich stimmt die Zote, 1000 Schmeißfliegen könnten sich nicht täuschen, deren braune Leib- und Magenspeise müsse gut schmecken. Aber es geht eben um weit mehr: Wenn Millionen nachvollziehen können, dass die Erschöpfung irgendwie mit dem Beruf zu tun haben müsse, muss man das Phänomen ernst nehmen, dessen Wahrheitsgehalt seriös durchleuchten und die Hintergründe verstehen lernen.

Die Erkenntnis, wer heute erschöpft ist, reagiere normal und vernünftig, hat sich noch nicht durchgesetzt. Die Konsequenzen dieser Einstellung wären auch weitreichend, letztlich revolutionär – und Revolutionen werden immer so lange wie möglich vom bestehenden System verhindert, weil dessen Nutznießer auf ihre Einnahmen und Privilegien nicht verzichten möchten.

Die Erkenntnis sagt nämlich nicht: Wir (Laien) haben eine neue Erkrankung gefunden, die ihr (Fachleute) bisher nicht gesehen habt. Sie sagt vielmehr: Wir sind nicht mehr einverstanden mit dem, was uns geschieht. In diesem Sinn ist Burnout eine menschheitsgeschichtlich fortgeschrittene Form von „Revolution“. Eine große Zahl von Bürgern sagt damit: So nicht! Auch deshalb kann man schreiben – endlich ausgebrannt.

4 Der Esel in der Gummizelle

Burnout entwickelt sich nie ohne Grund. Nicht um sich rechtfertigen zu können, sondern um sich mit der Ursache versöhnen zu können und so eine Heilung zu erreichen, macht es Sinn nach dem Grund zu suchen. Dieser muss weder für einen anderen nachvollziehbar sein noch in irgendeiner Weise nach außen kommuniziert werden. Die Ursache einer seelischen Erkrankung ist Ihr intimes Eigentum. Was Sie mit diesem Wissen tun, ist Ihre Entscheidung.

Genau genommen gibt es meistens zwei Konstellationen, welche Burnout begleiten, den Esel und die Gummizelle. Die Selektivität der Wahrnehmung ist der Wahrnehmung selbst unsichtbar. Das meint, Sie können nicht erkennen, was Sie nicht erkennen wollen. Und so kann es schon ganz schön schwerfallen, zu erkennen, ob Sie nur der Esel sind oder sich zudem bereits in einer Gummizelle befinden. Aber der Reihe nach:

Der Esel

Bernie

Der Manager Bernie ist Ende 30 und arbeitet in einem Industriebetrieb. Im Laufe der Jahre bekam Bernie Schritt für Schritt immer mehr Aufgabenbereiche zugewiesen, weil er sich einerseits nicht dagegen wehrte, sondern es ihn bauchpinselte, und andererseits, weil er fachlich und menschlich sehr kompetent ist. Im Rahmen einer Umstrukturierung musste Bernie jedoch an immer mehr Menschen immer mehr Berichte verfassen über all das, was so in seinem Einflussbereich geschieht. Der Eigentümer griff nun durch, nicht nur bei Bernie, sondern bei allen Führungskräften im mittleren Management, und beschnitt deren Freiheit. Auf einmal durfte er selbst in seinem Bereich nicht mehr schalten und walten, wie er es mochte, sondern musste – so empfand er es – jede Kleinigkeit absegnen lassen. Bernie kam damit in die Situation, dass er sich einerseits sehr belastet fühlte, aber andererseits sein Machtspektrum beschnitten wurde. Er spürte also eine hohe Belastung und meinte zugleich, immer weniger Einfluss auf das zu haben, was er eigentlich managen sollte.

In einer solchen Konstellation fühlen sich Menschen wie Esel, denen zuerst viel, dann zu viel zugemutet wird und die zugleich immer weniger selbst entscheiden können. Es ist die erste Grundkonstellation für das Ausgebranntsein, welche als Karikatur die Titelseite dieses Buches ziert. Wenn Sie vom Beruf absehen und das Grundsätzliche betrachten, dann bedeutet diese Grundkonstellation eine Überlastung in Verbindung mit dem Gefühl, nichts mehr selbst in der Hand zu haben. Es ist also eine Situation wie sie beispielsweise auch vorkommt, wenn man schwer erkrankt ist und sich ganz in die Hände der betreuenden Ärzte begeben muss. Eine Situation, welche Sie vom Erwachsenenleben in ein abhängiges, kindliches Verhältnis bringt. Der Esel steht also nicht für das erwachsene Tier (das kann sich nämlich über ein striktes Nein recht gut wehren, es ist sogar dafür bekannt, dies zu tun), sondern für einen kleinen Esel, der mit sich scheinbar machen lässt oder machen lassen „muss“, was andere bestimmen.

Allein das fühlt sich überhaupt nicht gut an. Noch unangenehmer wird es, wenn dann noch ein zweites Gefühl auftaucht, das, wie eingesperrt in einer Gummizelle auf- und abzulaufen.

Die Gummizelle

Der gute Bernie weiß eigentlich, was ihm gut täte: Einmal zu seinem Vorgesetzten gehen, dem richtig die Meinung ob des Führungsstils und der mangelnden Unternehmenskultur mitteilen und dann mit einem siegesgewissen Lächeln die Kündigung auf den Tisch legen. Hoffend, unmittelbar von den Aufgaben befreit zu werden und bereits heute als freier Mann dem bisherigen Arbeitgeber den Rücken zuzukehren.
Aber Bernie grübelt schon lange darüber nach, er wägt ab. Ob er noch einmal eine so recht gut dotierte Arbeitsstelle bekommt, ist unklar, auch könnte es sein, dass er umziehen muss. Er hat vor einigen Jahren gemeinsam mit seiner Frau eine Familie gegründet, beide Kinder sind gut in einem Kindergarten untergebracht und das Haus, sein Traum seit Jugendzeiten, ist gerade im Bau. Bernie weiß genau, dass er das alles aufs Spiel setzen müsste, wenn er aus seiner Eselsposition herauskommen möchte. Das lässt ihn zweifeln. Deshalb dauert seine Situation an und in ihm wächst immer stärker das Gefühl, er könne weder vor noch zurück, und auch nicht zur Seite. Er fühlt sich wie eingesperrt in einer unsichtbaren, aber deutlich fühlbaren Gummizelle. Und genauso rennt er wieder und wieder gegen die Wände dieser imaginären Begrenzung.

Die zweite Grundkonstellation für Burnout hat Bernie erreicht: das Gefühl, in einer Situation festzustecken, die unerträglich ist, und die er zugleich weder verändern noch verlassen kann. Es ist wie in einer Gummizelle, gleich, was man tut, man kommt nicht heraus. Es ist übrigens nicht – dies wird immer wieder als Bild vorgegeben – wie im Hamsterrad. Das Hamsterrad ist ein Segen für einen Hamster, der es liebt, freiwillig stundenlang benutzt und selbst entscheidet, wann er es betritt, wie schnell und wie lang er darin läuft. Die Gummizelle entspricht dem Fühlen von Alternativlosigkeit. Das Gefühl ist bereits für sich genommen sehr unangenehm, sogar dann, wenn die Situation erträglich oder angenehm ist. Wenn die scheinbar alternativlose Situation jedoch unerträglich wird, wird es brenzlig.

Damit es auch klappt mit seinem Burnout, wird Bernie im Moment in dieser Vorstellung verhaftet bleiben. Letztlich geht es ihm so, also stünde er gebückt auf einem Kanaldeckel, rüttelte daran und schreie: „Lasst mich raus, lasst mich raus!"

Im Gegensatz zu Bernie wissen Sie genau, dass es immer Alternativen gibt, das zeigt sich in unserer Gesellschaft an deren funktionaler Differenzierung, was nichts anderes bedeutet, als immer Alternativen zuzulassen. Sie haben die Gestaltungsmacht über Ihr Leben (zumindest in weitem Rahmen) – wenn Sie diese aus der Hand geben, ist es Ihre fehlende Verantwortlichkeit.

Verlassen kann man praktisch jede Situation, wenn man bereit ist, den Preis, den es kostet, zu zahlen. Es geht immer um den Preis, nie um die Tatsache, etwas nicht verlassen zu können. „Das kann ich doch nicht tun" ist nie ein wahrhaftiges Argument; wahrhaftig lautet es: „Ich bin nicht bereit, den Preis für das Verlassen zu zahlen". Das ist ein Klebstoff, der stärker wirkt als jeder Supersekundenkleber. Solange man den Preis nicht zahlen will, versucht man, festzuhalten und verhindert damit die Lösung. Das trifft erschöpfte Menschen besonders, weil sie ohnehin in einer inneren Starre angekommen sind, in der sie Veränderungen grundsätzlich ablehnen nach dem Motto: „Besser es bleibt so furchtbar, wie es im Moment ist, als es wird noch schlimmer". Sie können sich nicht mehr vorstellen, dass das Verlassen einer Situation zu einer Verbesserung führt. Ein Preis ist oftmals auch, seine eigenen Vorstellungen aufgeben zu müssen, feststellen zu müssen, dass die eigenen Ideen über sich selbst schon lange nicht mehr stimmen.

Es gibt somit immer eine Wahl, Ausweglosigkeit beschränkt sich auf zwei Situationen, das Gefängnis und das Flugzeug. Das macht beide vergleichbar und entsprechend ungern suchen viele sowohl das eine wie das andere Etablissement auf. Sobald Sie sich klarmachen, dass es nur um den Preis für die Entscheidung und nicht um die Entscheidung selbst geht, haben Sie die Entscheidungsebene sozusagen ins tatsächliche oder seelische Portemonnaie verschoben. Dort lassen sich viele Entscheidungen leichter treffen, wenn Sie ehrlich sagen: Das will ich für mein Gehen oder mein Bleiben zahlen – oder eben auch nicht. Dann mag noch das Problem herrschen, sich über den tatsächlichen Preis nicht klar zu sein und deshalb unpassende Entscheidungen zu treffen.

So könnte Bernie sofort, ohne dass ihn jemand hindern könnte, zu seinem Vorgesetzten gehen und mit großer, innerer Befriedigung zuerst seine Meinung kundtun und dann kündigen. Das Einzige, was ihn wirklich aufhält, ist seine menschliche Fähigkeit, abzuwägen. Er überlegt eben genau, dass er viele Preise zu zahlen hätte (Krach mit der Ehefrau, Unsicherheit bei den Kindern, Verkauf des Rohbaus mit Verlusten) und diese Preise setzt er höher an als den Preis, weiter in der bisherigen beruflichen Stellung zu bleiben. Das ist sein Recht. Ob es ihm guttut und damit eine dauerhaft funktionierende Lösung darstellt, ist fraglich. Aber noch sind der Druck und die Verzweiflung in Bernie nicht groß genug, um zu verstehen, dass all die Preise gering sind, im Vergleich zu dem, was sein Ausgebranntsein ihm bescheren könnte.

Man kann hingegen bei Weitem nicht jede Situation oder Regelung verändern. Versuchen Sie einmal, die weltweit bestehende Regel, das eine rote Ampel im Straßenverkehr Anhalten bedeutet, zu ändern. Viel Freude beim Lebenswerk! Auch im Privaten und erst recht bezüglich der eigenen Person gibt es vieles, das nicht verändert werden kann. Wer etwas zu verändern versucht, das praktisch unveränderbar ist, verbraucht seine Lebenskraft in extremem Ausmaß. Das geschieht durchaus auch mit Inhalten wie der eigenen Vorgeschichte, wenn man sich beispielsweise vorgaukelt, eine tolle Kindheit gehabt zu haben, während die gar nicht so aufbauend war. Auch Veränderungsbestrebungen in die Vergangenheit hinein gibt es. Die regelhafte Reaktion des Menschen ist dann letztlich, das Unveränderbare als gegeben hinzunehmen und in einer Art von innerem Widerstand zu verharren. Es ist ein wesentlicher Weg ins Ausgebranntsein. Eine bestimmende Situation, die Sie tatsächlich nicht einfach so verändern können, ist alles, was in Ihrer Vergangenheit geschehen ist, es steht fest. Ihre Kindheit und Jugendzeit sind damit eine Art von Nadelöhr, durch das Sie hindurch müssen (Kap. 5).

Sie wollen wissen, wie Sie ausbrennen: Setzen Sie sich in Ruhe allein in ein Zimmer und betrachten Sie Ihr Leben genau. Ist es nicht auch so, dass in Ihnen bereits ein kleiner Bernie (oder eine Bernadette) lebt? Schauen Sie sich Ihre Lage gewissenhaft an.

Finden Sie Argumente, warum Sie der Depp von allen oder zumindest von einigen sind.

Haben Sie sich nicht schon länger beschnitten gefühlt, eingeengt, so, dass Sie selbst kaum Gestaltungsspielraum in Ihrem Leben merken? Sehen Sie, vielleicht wird's noch was. Wenn Sie alle Argumente für die erste Grundkonstellation durchhaben, wenden Sie sich der zweiten Chance zu, der

Situation, die unerträglich ist und zugleich weder verändert noch verlassen werden kann. Vielleicht sollten Sie bei der Betrachtung Ihrer Betroffenheit erst einmal außen vor lassen, dass Sie immer die Macht haben, eine Situation zu beenden, wenn, ja, wenn Sie bereit sind, den Preis, den das kosten wird, zu zahlen. Aber wer sagt, dass Sie den Preis zahlen wollen? Eben. Bleiben Sie in der unerträglichen Situation und schauen Sie interessiert, was weiter in Ihrem Leben geschieht. Falls Sie in beruflicher Hinsicht keine Gummizelle kennen, glauben Sie nicht, es gäbe sie nicht. Sie müssen nur einmal genauer hinschauen. Stellen Sie sich vor, Sie führen ein kleines Geschäft und verkaufen Klobürsten. Ihre Klobürsten sind von besonderer Qualität, deshalb können Sie fast das Doppelte verlangen wie sonst üblich. Aber ist nicht das bereits eine Einschränkung? Würden Sie Ihre Ware nicht lieber für den 4-fachen oder 8-fachen Preis verkaufen? Also doch! So eingeschränkt sind Sie in Ihrer Situation. Blöde Klobürsten! Und wenn Sie genau hinschauen und Sie sind beispielsweise niedergelassener Arzt: Sind Sie nicht längst Angestellter der Krankenkassen? Schreiben die Ihnen nicht vor, was Sie in Rechnung stellen dürfen? Ist das nicht eine ungeheuerliche Einschränkung, die Ihnen da auferlegt wird? Vergessen Sie, dass Sie sonst praktisch alles – unter Beachtung Ihrer fachlichen Kompetenzen – selbst bestimmen können. Sie wollen doch sicher nicht das meiste, sondern einfach alles selbst bestimmen, ansonsten wird die Situation unerträglich. Und was stellen sich die Gegner, Pardon, die Krankenkassen, eigentlich vor, wenn die Ihnen täglich neue Anfragen zu Versicherten und Ihren Leistungen zusenden? Wo kommen wir denn da hin, wenn andere, die in Ihrem Netzwerk wirken, sich bei Ihnen mir nichts, dir nichts, melden und irgendwas Dämliches verlangen? Wenn Sie diese Anregungen nicht reizen können, hilft nur noch eines: Ihr Privatleben! Da wird es, ich möchte es Ihnen nahezu versprechen, doch jemanden geben, der Sie einschränkt, Sie immer wieder oder zumindest ab und zu in eine gefühlte Enge bringt, eben in jene Gummizelle. Spüren Sie tief in sich nach, merken Sie, wie der andere Sie einengt, etwas von Ihnen will, wenn Sie oder was Sie nicht wollen. Allein schon seine Existenz ist Einengung. Wenn Sie das bisher so nicht sehen konnten, öffnet Ihnen hoffentlich dieses Buch endlich die Augen.

Werden Sie wach und entdecken Sie Ihre persönliche Gummizelle.

5 Mit-Gift

Never look back, so heißt der erste Teilsatz einer vermutlich indianischen Weisheit, deren zweiter Teil nicht verschwiegen werden sollte: But never forget, always forgive, and never regret. Das Sprichwort sagt also: Schaue niemals zurück und vergebe dennoch immer und bedaure nichts.

Ausbrennen kann besonders effektiv, wer besonders Belastendes in seiner kindlichen Vorgeschichte erlebt hat. Hier beginnt bereits das erste Problem, und es ist ein ernstes Problem: Bringe ich aus meiner Kindheit das mit, was mir den Weg in Ausgebranntsein ebnet – oder leider auch nicht? Kein Zweifel, jedes Lehrbuch der seelischen Entwicklung berichtet davon, Ereignisse in der frühen Kindheit haben einen entscheidenden, prägenden Einfluss auf unser weiteres Leben. Es gibt aber auch keinen Zweifel daran, dass es schwer möglich ist, in die Zukunft voranzugehen, wenn man dauernd zurückschaut.

Ever look back

Burnout ist in fortgeschrittener Phase einer Depression sehr ähnlich. Eine Depression ist eine häufig genutzte seelische Methode, um die Folgen einer erlebten Enttäuschung nicht spüren zu müssen. Diese Enttäuschung liegt fast immer in der Kindheit. Es gibt einige erfolgversprechende Methoden, sich mit seiner Kindheit auseinanderzusetzen (Watzlawick 1999):

- Vergangenheit verherrlichen, statt erkennen, dass es eine Zeit der Unsicherheit, des Lernens, des Weltschmerzes und der Zukunftsangst war.
- In der Vergangenheit leben, um die Probleme der Gegenwart nicht wirklich an sich heranlassen zu müssen.
- „Damals hätte man es besser wissen sollen, aber jetzt ist es zu spät“: Eine solche Einstellung bedeutet, die Vergangenheit als Quell des Opferdaseins (Kap. 7) zu nutzen, denn die Chance zum Opfer hat man nur, wenn man sich in der weiten oder nahen Vergangenheit aufhält.
- Festhalten an Lösungen, die früher mal passten. Das bedeutet ein stures Verweigern jeder Entwicklung. Jede irgendwann einmal wirkende Anpassung muss heute nichts mehr wert sein, wer in ihr verhaftet bleibt, macht immer mehr vom immer Falschen.

Machen Sie sich klar, keine echte Option für ein besseres Leben zu haben.

Es wird schon nicht so schlimm gewesen sein

Die Erfahrung in der Beratung von Menschen in Überlastungssituationen zeigt, dass viele von ihnen seit ihrer Kindheit durch ein Trauma (ein schlimmes Ereignis) belastet sind. Das mag ein Anlass sein, danach zu fahnden. Dabei darf der eigenen Fantasie eine Unterstützung durch folgende Auflistung gegeben werden, denn außer sexuellem Missbrauch, der den meisten dabei einfallen mag, gibt es noch viele andere Formen von Traumata. Schon das Thema Missbrauch ist vielgestaltig, es geht bei Weitem nicht nur um Männer, die ihre Triebe nicht im Zaum halten. Abgesehen davon liegt die Vermutung nahe, dass auch Frauen dieselben nicht wirklich im Griff haben könnten, aber dieses Thema soll auch bei der vorliegenden Evaluation des Ausgebranntseins tabu bleiben. Missbrauch geschieht meistens in erheblich perfiderer Weise: Anschreien, dem Kind klarmachen, was für ein Loser es ist, am wirkungsvollsten in der double-bind-Art, es zugleich wegstoßen und ihm versichern, wie lieb man es doch hat.

Wenn Sie sich Ihrer Kindheit zuwenden und zunächst glauben mögen, da sei soweit alles in Ordnung gewesen und selbst nicht auf Ideen kommen, ob nicht doch etwas gewesen sein könnte, ja müsste, fragen Sie Ihre Verwandten. Oftmals wissen wir auch von Ereignissen, können jedoch deren Bedeutung für unseren Werdegang nicht korrekt einschätzen. Traumen sind (Bergner 2010a):

- Ein eigenes Nahtoderlebnis durch einen Unfall oder eine schwere Erkrankung
- Miterleben eines Unfalls,
- Verlust eines oder beider Eltern,
- Miterleben des Sterbens von nahestehenden Menschen,
- Miterleben von psychischen Extremsituationen, nicht selten in Verbindung mit einem dadurch abgelegten „Schwur“ wie „Ich werde Dir/dieser Idee immer treu sein“,
- Sexueller Missbrauch, auch über einen längeren Zeitraum,
- Starke, oft auch wiederholte Demütigungen,
- Frühgeburt mit Liegezeit im Brutkasten (komplette, abrupte Trennung von der Mutter),
- Lebensbedrohliche eigene Erkrankungen oder Operationen,
- Krankenhausaufenthalte und auch Aufenthalte in „Kureinrichtungen“,

- Wiederkehrende Aggression – oft verbunden mit Suchtproblematik – in der Familie,
- Übertragung von erwachsener Verantwortung auf das Kind („Du bist jetzt für Deine Geschwister verantwortlich"),
- Leistungsdruck, meist andauernd, oft im Sinne von: „Nur wenn Du was leistest, haben wir Dich lieb",
- Selbstwert mindernder Umgang mit körperlichen Auffälligkeiten wie einem seit Geburt bestehenden Mal, oftmals in Verbindung mit der Aufforderung, sich dessen schämen zu sollen oder zu müssen,
- Zu frühe „Sauberkeitserziehung",
- Wiederkehrende Angst um Mutter oder Vater (Androhen des Verlassenwerdens, Androhen von Suizid, wiederholtes, aggressives Schweigen in der ganzen Familie),
- Körperliche Strafen,
- Vernachlässigung.

Nun mögen Sie anmerken, das alles sei doch nicht so schlimm, außerdem heile Zeit die Wunden und das sei ohnehin vergessen und wenn nicht, hätten Sie bereits alles längst vergeben, was geschehen ist.

Die Erfahrung zeigt aber, dass es nicht nur äußere Faktoren wie Stress im Beruf sind, welche den Weg ins Ausgebranntsein ebnen. In der Tat ist die Seele nachtragend, sie will eine Erlösung vom alten Leid – und wenn Sie diese nicht aktiv austragen, hat sie genügend Möglichkeiten, Sie mehr oder minder auffordernd daran zu erinnern. In diesem Sinn kann Ausgebranntsein auch, zumindest in Anteilen, eine Überlastungsreaktion auf lang zurückliegende Geschehnisse sein. Eine solche Erkenntnis kann ganze Weltbilder ins Wanken bringen, zum Beispiel das Weltbild, die einen umgebenden, aktuellen Ereignisse (wie Mobbing oder die Trennung von einem Partner) seien für die eigene Erschöpfung ursächlich verantwortlich.

Das Beharren auf einer normalen oder sogar besonders behüteten Kindheit, wenn sie zumindest in Teilen eben sehr anders war, was einer selbstschädigenden Lüge gleicht, ebnet Burnout einen Weg, weil dadurch die tatsächlich in einem ruhenden Probleme konsequent missachtet werden und entsprechend nicht gelöst werden.

Treue zahlt sich aus: Bleiben Sie stetig Ihrer Vergangenheit verhaftet.

Dabei wirken ungute Vorkommnisse in den ersten zwei Lebensjahren besonders einschneidend, weil Kleinstkindern ein wirksames Ich fehlt. Das bedeutet, sie können alles, was ihnen geschieht, nicht mit der ausreichenden Distanz von „Hier bin ich" und „Das andere bist Du" betrachten. Alles, was ihnen geschieht, wirkt besonders tiefgehend und unmittelbar. Heute weiß man, dass Erfahrungen in der frühen Kindheit in Bereichen unseres Gehirns gespeichert werden, auf die unser Großhirn im Erwachsenenalter nicht direkt Einfluss nehmen kann – die Erfahrungen wirken auf diese Weise in irgendeiner Form immer. Diese Ereignisse sind uns also niemals bewusst – und was uns nicht bewusst ist, können wir auch nicht bewusst beeinflussen. Damit wird vollkommen außerbewussten Strömungen Tür und Tor geöffnet, welche in aller Regel im Erwachsenenleben nichts mehr verloren haben. Entsprechend verloren fühlen sich davon betroffene Menschen.

Etwas anderes lässt Sie der Ausflug in die Kindheit ahnen: Der Auslöser von Burnout ist fast regelhaft nicht derjenige, den der Betroffene von sich aus vermutet. Denn läge er in einer erwachsenen Ebene, könnte der Betroffene meistens selbst und viel rascher die korrekten Gegenmaßnahmen ergreifen. Wie sie auch war, die Vergangenheit kann Ihnen nicht sagen, was Sie heute tun sollten, allenfalls, was Sie lassen sollten (frei nach José Ortega y Gasset).

Mutterliebe und Vaterstolz

Für die Spurensuche eignen sich am besten Besprechungen innerhalb der Familie, sozusagen eine Form von Familienrat. Wer könnte einem besser als die wahrscheinlichen Verursacher eigenen Leids helfen, es zu erkennen – die Eltern, vorrangig die Mutter? Das liegt nicht an der besonderen Bösartigkeit des weiblichen Geschlechts, sondern daran, dass auch heute noch Frauen in den meisten Fällen schwanger werden und stillen, dadurch naturgemäß mehr Kontakt mit dem Kleinkind haben als die Väter; dies gilt vor allem für die Schwangerschaftszeit selbst.

Was Frauen gern falsch machen:

- Bei Weitem nicht jede Frau, die ein Kind bekommt, will es.
- Es soll Frauen geben, die das entstehende Kind nutzen, um attraktive Männer zu binden, die also das Kind als Instrument ihrer Gier einsetzen.
- Bei Weitem nicht jede Frau will das Kind so, wie es kommt (Geschlecht passt nicht, Charakter passt nicht, Körperbau passt nicht (Vorwurf an den Erzeuger: „Die hat die breiten Schultern Deiner Mutter“) Haarfarbe oder -dichte passen nicht, Größe passt nicht, Verhalten passt nicht. Wer denken mag, nun genügt es aber: Mit Sicherheit gibt es etwa 2854 weitere Gründe, was einem am anderen Menschen, und sei es das eigene Kind, nicht gefallen mag).
- Bei Weitem nicht jede Frau ist mütterlich.

- Es soll Frauen geben, die zickig sind und das auch ihrem Kind gegenüber.

Was Männer gern falsch machen:
- Bei Weitem nicht jeder Mann will ein oder mehrere Kinder, obwohl er sie zeugt.
- Viele Männer sind nur stolz auf Ihren Anteil am Akt der Zeugung, jedoch nicht auf den daraus folgenden Vorgang.
- Männer denken vorrangig an das eine und dabei stören Kinder nur.
- Bei Weitem nicht jeder Mann ist väterlich.
- Es soll Männer geben, die brutal sind und das auch ihrem Kind gegenüber.

Damit noch klarer wird, was Mutterliebe wirklich ausmacht, ein Beispiel (nach Trenkle 2000a): Ein Mann kommt zur sexualtherapeutischen Therapie und wird vom Therapeuten in Trance versetzt. Der Therapeut sagt: „Sie liegen ganz entspannt auf der Couch und genießen den prickelnden Champagner. Sie haben seit fünf Jahren keine Frau gesehen. Ihr Verlangen wird groß und größer und genau dann öffnet sich die Tür und eine wunderschöne, bereits entkleidete Frau kommt herein. Sie ist unwiderstehlich und Ihre Leidenschaft entbrennt. Alles an Ihnen bebt und zittert und nun schildern Sie, was Sie erleben …“. Nach einer Pause sagt der Klient: „Und was würde Mama dazu sagen?“

Vermeiden Sie strikt, sich Ihre Eltern und deren Verhalten sowie dessen Auswirkung auf Sie ehrlich anzuschauen.

Leiste was, dann biste was

Zwei Leistungstypen sind heute häufig: Kinder, die auch als Erwachsene ihren Eltern danken wollen und ihren eigenen *Erfolg als eine Form von Dankbarkeit* für das verstanden wissen wollen, was ihre Eltern ihnen Gutes getan haben. Diese Verquickung aus eigener Leistung und früherer Zuwendung (gleich, ob im Materiellen oder Gefühlsbereich) der Eltern ist falsch, weil das eine mit dem anderen nichts zu tun hat. Erfolg als Dankbarkeitsgeste ist dann nicht nötig, wenn man einmal in einer passenden Situation den Eltern ehrlich gedankt hat. Es hat viel mit der eigenen, erwachsenen Position und Freiheit zu tun, wenn das eigene Tun nicht mit den elterlichen Taten verbunden wird. Die zweite häufige Variante von Leistung ist *Leistung als Sehnsucht nach Liebe*. Wer als Kind erleben musste, dass er hauptsächlich dann irgendeine Form von Zuneigung bekam, gleich, ob das kommunikativ mitgeteilt wurde oder stillschweigend geschah, wenn er gute oder überdurchschnittliche Leistungen vorweisen konnte, hat gelernt: „Ich bin nichts wert, nur meine Leistungen sind etwas wert“. Bei Leistungen geht es oft um Steigerungen, weshalb diese Kinder dann versuchen, stetig bessere Leistungen zu bringen. Dies auch, weil sie letztlich spüren, ohne es sich einzugestehen, dass sie von ihren Eltern nicht das bekommen, wonach sie sich sehnen: Liebe. Sie versuchen also zunächst durch Leistung, später durch Steigerung der Leistung, irgendwie doch ein paar Gefühlseinheiten zu erhaschen. Dabei spielt es für die Entwicklung des Kindes und Jugendlichen letztlich keine Rolle, ob die Liebe tatsächlich nicht gegeben wurde oder das Kind es „nur“ so empfunden hat.

Das Einzige, was zählt, ist Leistung.

Pech und Schwefel

Es ist wundervoll, wirkliche Vorbilder zu haben. Ein häufiges Beispiel sind Eltern, die sich als Lehrer, Ärzte, Juristen oder Schauspieler so richtig wohlfühlen. Vielleicht mag allein das schon so manchen wundern. Wer aus falsch verstandener Liebe zu den Eltern oder im treuen Gehorsam deren Beruf ergreift, weil es sich ja so gehört, der mag einem Vorbild nacheifern. Aber was ist schon ein Vorbild, das gar keines ist? So manch einer, der dem Beruf der Eltern nacheifert, kann mit den darin vorkommenden Inhalten zu wenig anfangen, interessiert sich in der Tat für ganz anderes. Dann wird ein Ideal hochgehalten, das eigentlich eine Art von Abschreckung bedeutete. Es ist eine Form von Fehlwahrnehmung den eigenen Wünschen und Vorstellungen gegenüber.

Machen Sie möglichst viel genauso wie Ihre Eltern.
Verzichten Sie auf erwachsene Eigenverantwortung.

Dabei gäbe es einiges Gute aus der Kindheit, das Burnout den Weg versperrt.

Das Gute der Kindheit – Kondome fürs Leben

Typ: Hält sicher

Die wichtigste Ressource unmittelbar in der Kindheit und mittelbar im weiteren Leben ist eine enge, stabile, positive Beziehung zu mindestens einer Person (Frick 2011). Seelische Widerstandsfähigkeit hat offenbar mit kindlichen Erfahrungen zu tun, sollte die Tiefenpsychologie doch recht haben? Sollte das Urvertrauen (im häufigsten Fall ist dies das Vertrauen der Mutter gegenüber) tatsächlich das gesamte seelische Leben später maßgeblich beeinflussen? Sind doch die Mütter die Ursache für das zunehmende Burnout heute?

In der Tat ist es so: Wer Burnout bekommt, hat überdurchschnittlich oft Probleme mit seiner Mutter, die jedoch keineswegs bewusst sein müssen; im Gegenteil, am Bild der liebevollen, sich aufopfernden Mutter wird gern bis zum bitteren Ende festgehalten. Übrigens ist deren Bedeutung für das junge Kind das tatsächlich Schwere und Verantwortungsvolle an der Rolle der Mutter. Ob der Mehrzahl der Frauen die Bedeutung ihrer Rolle für die Entwicklung der Menschheit klar ist, ist bis heute unklar. Wer sein Kind im dritten Lebensmonat in eine Krippe gibt oder das politisch fordert, scheint Grundsätzliches nicht wirklich verstanden zu haben. Wer als Kind für seine Burnout-Karriere das Glück hatte, dass die wesentliche Bezugsperson sich rasch weiter *selbst* verwirklichte, kann sich dann als Erwachsener weniger gut selbst verwirklichen: Die zu frühe Trennung von Bezugspersonen kann also als eine echte Glückskonstellation für ein späteres Burnout betrachtet werden, es ist so etwas wie die Gnade der frühen Trennung.

Nutzen Sie Ihre Chance für Burnout, wenn Sie eine Mutter hatten, die vorrangig an sich selbst dachte.

Typ: Gutes Gefühl

Es gibt Menschen, die meinen, die Ereignisse in ihnen und ihrer Umgebung seien vorhersehbar und erklärbar, und die zugleich glauben, sie verfügten über genügend Ressourcen, um den kommenden Anforderungen begegnen zu können.

Wenn diese Menschen dann auch noch meinen, es lohne sich und sei sinnvoll, auf die Anforderungen auch einzugehen, etwas dafür zu investieren, dann wird es schwierig für sie, auszubrennen. Diese Dreiheit aus Verstehbarkeit, Machbarkeit und Sinnhaftigkeit (Kohärenzsinn nach Antonovsky; in Bergner 2010a) bildet eine Art Schutzschirm vor Burnout. Wer meint, einen ausgeprägten Kohärenzsinn zu haben, sollte das Ganze wirklich genau betrachten: Gibt es nicht doch genügend Herausforderungen, welche letztlich nicht verstehbar sind? Damit sind keine Fragen gemeint wie was Strom eigentlich ist oder warum der Staat Steuern eintreibt (und dann auch noch in welcher Höhe), sondern Vorschriften, Abläufe und Verhaltensweisen von anderen Menschen, die man nicht wirklich verstehen kann. Wahrscheinlich ist es sogar so, dass nichts von dem, was Menschen zu verstehen glauben, wirklich verstanden ist. Ein Phänomen von wahrlich philosophischem Ausmaß. Auch die Machbarkeit gehört hinterfragt: Wer einmal versucht hat, sein Kind davon zu überzeugen, dass Spinat, Rosenkohl oder saures Lüngerl lecker und gesund sind und gegessen werden sollten, weiß um die Beschränktheit von Machbarkeit. Selbst der bei jedem Einkauf stets aufs Neue ad absurdum geführte Wunsch, endlich einmal an der Supermarktkasse zu landen, an der es nicht am längsten dauert, zeigt die Beschränktheit der eigenen Handlungsmöglichkeiten. Bliebe noch die Sinnhaftigkeit. Es sollen hier nicht ein zweites Mal staatliche Forderungen wie Steuern zitiert werden, aber die Anforderungen des heutigen Lebens, (z. B. beim jährlichen Erstellen der Steuererklärung) erschweren die Ausbildung eines Gefühls der Sinnhaftigkeit, die unerschütterliche Überzeugung, alles im Leben habe einen tieferen Sinn, wankt. Damit steigt die innere Unsicherheit.

Wer glaubt, sicher im Leben zu stehen, sollte durch genaues Hinschauen seine Fehlwahrnehmung entlarven.

Typ: Widerstand

Es gibt Menschen, die kaum aus der Bahn zu bringen sind, denen eine hohe seelische Widerstandsfähigkeit (Resilienz) zu eigen ist. Das zeigt sich daran, dass sie ein beständiges Interesse am eigenen Beruf und ein ausgeprägtes Selbstbewusstsein haben, die eigenen, persönlichen Grenzen zwar austesten, aber immer auch akzeptieren, und ihre eigene Rolle als hochwertig einstufen. Sie würdigen und vertrauen sich selbst. Sie haben einen langen Weg vor sich, bis sie ausbrennen. Der folgende Hinweis gilt nur dann, wenn Sie zu dieser Spezies gehören:

Hören Sie auf, das Buch weiter zu lesen. Ihr Chance für Burnout ist zu gering.

Vielleicht haben Sie nun schon entscheidende, eigene Chancen für Ihr Burnout erkannt. Wenn nicht, gibt es eine beruhigende Möglichkeit: Ihre Kindheit gibt doch einiges her für Burnout, aber es ist so schwer für Sie, dies wahrzunehmen, dass Sie all das gekonnt unterdrücken. In diesem Fall ist Entwarnung angesagt: Alles, das verdrängt ist, wirkt besser als das, was Ihnen bewusst ist. Denn nur das Bewusste können Sie einigermaßen mit Ihrem Willen steuern. Bei allen außerbewussten Inhalten spielt er jedoch keine Rolle. Das sollte Ihnen Beruhigung sein: Wenn da was ist, wird es auch wirken. Kommt Zeit, kommt Überlastung, kommt Burnout.

6 Wenn der Hammer hängt

Burnout entwickelt sich im Spannungsfeld zwischen Machtverlangen und Ohnmachtserkennen. Es ist einmal mehr eine Zwickmühle: Solange man sich die eigene Ohnmacht nicht eingesteht, verhält man sich selbstschädigend, weil man mehr und anderes tut als einem gut tut. Sobald man sie sich eingesteht, fühlt man sich auch so – beide Verhaltensweisen bringen einen dem Ausgebranntsein näher. Was wäre eine Lösung? Sich den beschränkten, jedoch vorhandenen Bereich eigener Tatkraft verdeutlichen und in diesem Rahmen all das ausschöpfen, das man ausschöpfen möchte.

Help! I need somebody

Legen zwei brutal aussehende Männer einen mit Paketband eingeschnürten und geknebelten Mann auf die Bahngleise. Kommt eine alte Frau vorbei, schaut interessiert zu und sagt dann: „Eigentlich geht es mich nichts an. Aber auf dieser Strecke fährt seit Jahren kein Zug mehr." (nach Trenkle 2000a)

Der Begriff „Helfersyndrom" wurde 1977 vom Psychoanalytiker Schmidbauer (2005) geprägt. Er erkannte, dass Helfer ihren Beruf oft aus einer außerbewussten Abwehr gegen einen in der Kindheit erfahrenen Liebesentzug (oder das Vorenthalten von Liebe) wählen. Er beschrieb das Helfersyndrom als „zur Persönlichkeitsstruktur gewordene Unfähigkeit, eigene Gefühle und Bedürfnisse zu äußern, verbunden mit einer scheinbar allmächtigen Maske für soziale Dienstleistungen" (ebd., S. 15).

Das trifft überdurchschnittlich häufig auf Lehrer, Ärzte, Tierärzte, Krankenschwestern und -pfleger und Menschen in Sozialberufen zu. Da mögen schon Gefühle der Unsicherheit aufkommen, ob man sich selbst oder die eigenen Kinder so mir nichts, dir nichts diesen Menschen anvertrauen sollte – und noch mehr: Ob Menschen in diesen Berufen sich selbst vertrauen können, ohne ihre Absichten und tatsächlichen Ziele genauer zu hinterfragen.

Wenn Sie sich in ein Kind hineinversetzen, das Liebe vermissen muss, wird klar, welche Gefühle in dem Kind aufkommen: Minderwertigkeit („Ich bin es nicht wert, geliebt zu werden") oder Wut („Wie kann man mich so missachten?"). Kein Kind kann eigene Minderwertigkeit ausdrücken und Wut denjenigen gegenüber formulieren, denen es auf Gedeih und Verderb (hier wohl eher Letzteres) ausgeliefert ist. Der Liebesentzug in der Kindheit ist zunächst tief verletzend, Minderwertigkeit und Aggression sind Re-Aktionen und folgen später, bewusst meist erst im Erwachsenenalter. Ein Mensch mit Helfersyndrom fühlte sich als Kind von den Eltern abgelehnt, zumindest nicht genügend gewürdigt. Dabei spielt keine Rolle, ob dies der Wahrheit entsprach, es wirkt ausschließlich die Gefühlswelt des Kindes. Diese Konstellation erzeugte im Kind zu wenig Vertrauen zu seinen Bezugspersonen, die es in seiner Entwicklung nicht ausreichend einfühlsam spiegeln und begleiten.

Nun ist der Mensch ein merkwürdiges Wesen. Es heißt, dass alles, was Sie erleben, Projektion sei. Wenn Sie also beispielsweise einen anderen Menschen als arrogant empfinden, so wehren Sie damit Ihre eigene Arroganz ab und projizieren sie in den anderen. Plötzlich hat es der Andere und Sie sind es los. Sollten Sie ein Mensch mit Helfersyndrom sein, dann ist vieles in Ihrem *Verhalten* vielleicht auch projektiv. Wäre das so, erlebten Sie als erwachsener Helfer die Verletzbarkeit nicht mehr in sich, sondern im anderen (im Patienten, im Pflegebedürftigen, im Schüler, im alten Opa, im Pleitier, im Suchtkranken, im eigenen, leiblichen Kind). Sie übertragen quasi Ihr kindliches Verletztsein. Welch ein Glück: Nun hat es der andere. Immerhin, eine gewisse Entlastung ist dadurch schon einmal eingekehrt. Aber, wie gerade schon erwähnt, Menschen sind merkwürdig und manchmal auch maßlos. Ihnen reicht diese Entlastung nicht, Sie wollen mehr: Sie wollen ja nicht nur etwas loswerden, Sie sind erwachsen und das bedeutet, Sie wollen auch erleben, nicht so passiv und hilflos wie als Kind sein zu müssen, wollen es besser machen als Ihre Eltern, wollen den Schutz, den Halt, den Sie als Kind vermisst haben, nun anderen (scheinbar) Schwachen zuteilwerden lassen. Das kann aber schnell auch zur Überbeschützung werden; im Englischen klingt es besser: overprotection.

Sie kreieren innerlich eine Form von Schauspiel, konkret von Marionettentheater: Der Hilfebrauchende nimmt seine eigene, frustrane Rolle an und Sie selbst sind dessen Retter, so ganz anders als Ihr Vater oder Ihre Mutter waren. Nun haben Sie die kleinen „Kinder" vor sich und die sollten gefälligst das tun, was wirklich ansteht, wenn sie denn mal so richtig Hilfe bekommen: Dankbarkeit! Selbst die genügt dann nicht, waren Sie es nicht, der trotzdem seine Eltern liebte? Eben! Also, verdammt nochmal, Sie brauchen Liebe für Ihre „uneigennützige" Hilfe, zumindest Zuneigung als deren etwas bescheidene Vorform. Wenn Sie das alles so anschauen, bekommt Hilfe eine sehr andere Note: Sie ist eine Form von Machtausübung über den anderen. Wer Hilfe gibt, fühlt sich als der Stärkere, wer Hilfe bekommt, hat zu danken, hat zu lieben, hat ansonsten seinen Mund zu halten.

Wenn Hilfe, also eine überaus mitmenschliche Verhaltensweise, etwas wirklich Wundervolles, etwas, auf dem zum Teil die Welt beruht, auf diese Weise pervertiert und ausgenutzt wird, wechselt sie in den Bereich der Macht. Das nimmt ihr vieles. Wer an einem Helfersyndrom leidet, gibt Hilfe, um Macht zu spüren und so etwas wie Liebe zu erzwingen. Dieses Verhalten nährt nicht, stärkt nicht, es führt zum Ausgebranntsein. Denn es ist zutiefst scheinheilig und gierig, eine Lüge. Beim Helfersyndrom geht es darum, die *eigene Bedürftigkeit* nicht wahrhaben zu wollen. Das führt zu einer Form von narzisstischer Unersättlichkeit und diese führt zur Überanstrengung und zum Ausgebranntsein. Weil das, was Sie von Ihrer Tätigkeit erwarten, nicht eintritt. Jede helfende Tat führt letztlich wahrscheinlich zum Dank bei dem, dem geholfen wird, aber es führt beim Helfer eben nicht zu einem tiefen Beziehungsaufbau und nicht zur Lösung der kindlichen Thematik. Es kommt zu stetigen Enttäuschungen und diese lösen Erschöpfung aus. Zudem wird die Verantwortung, sich selbst zu helfen, auf Dritte abgeschoben, die selbst *echte* Hilfe bräuchten.

Aber wollen Sie den bösartigen Blickwinkel einmal verlassen, dann spüren Sie, was hinter einem Helfersyndrom, der verzweifelten Form von Machtausübung, tatsächlich steckt: Der verzweifelte Versuch, die Wunden, die Ohnmacht der eigenen Kindheit zu heilen und endlich die Zuneigung und Liebe zu bekommen, die Sie sich so ersehnt haben. Schade, dass es auf diese Weise niemals funktioniert – und was nicht funktioniert und nicht erkannt wird, wird oftmals bis zur Erschöpfung fortgeführt. Die Lösungsversuche unterhalten das Problem.

Erwachsene mit Helfersyndrom versuchen, ihre Tätigkeiten – sowohl die beruflichen wie die privaten – ganz nach eigener Anerkennung auszurichten. Das gelingt in Berufen wie im Pflegebereich oder im Gesundheitswesen sowie in Bildungseinrichtungen besonders leicht, aber grundsätzlich kann sich ein Helfersyndrom in jedem Beruf ausbreiten. Ziele für Hilfe gibt es überall.

Es gibt mehrere Probleme beim Helfersyndrom:

1. Der Helfende wird immer abhängiger von der Anerkennung, die er für seine Hilfe erhält – und das kann einen Teufelskreis in Gang setzen.
2. So wie einerseits nach Anerkennung verlangt wird, führen andererseits kritische Gegentöne bei einem Menschen mit Helfersyndrom rasch zum Zusammenbruch, denn Kritik kann er gar nicht ertragen. Er wird also immer kritikunwilliger und -unfähiger.
3. Menschen mit Helfersyndrom leben grundsätzlich in einer Illusion, nämlich dass sie geliebt werden für das, was sie tun und nicht für das, was sie sind. Sie verschieben also Beziehungsthemen in die Leistungsebene und das geht schief.
4. Sie sind beziehungsgestört, sie sehnen sich nach Liebe, können aber nicht glauben, einfach so geliebt zu werden und betreiben regelmäßig eine Enttäuschungsprophylaxe, indem sie sich nicht einlassen.
5. Zu helfen bedeutet immer, auch unabhängig vom Helfersyndrom, sich über den zu stellen, der Hilfe bekommt. Der Helfer ist der Mächtige, der Große, der Gebende und der, dem geholfen wird, ist der Schwache, der Kleine, der Nehmende. Wer regelhaft seinem Helfersyndrom frönt, setzt sich selbst auf einen Sockel und dann kann das altbekannte Sprichwort durchschlagen, dass Hochmut vor dem Fall kommt.

Eines sollte klar sein: Wer in dieser Weise hilft, will sich selbst helfen und lebt damit wiederum in einer Scheinwelt

– mit wirklich ethischem Verhalten hat diese Hilfe nichts zu tun.

Es gibt immer Chancen, anderen zu helfen. Tun Sie dies, auch ungefragt.

Randy, Dein Handy

Wenn ich ein bestimmtes Wochenseminar leite, sollen die Teilnehmer dieses Seminars zu Beginn ihre Handys abgeben, damit sie in wirklicher Ruhe Einblicke in sich selbst erfahren. Darüber werden sie vorab informiert, nur glaubt der eine oder andere Teilnehmer es nicht oder liest die Kursbedingungen nicht. So geschah einmal Folgendes: Ein Mann, Randy, selbstständig, erfolgreich, Mitte 40, weigerte sich zunächst, sein Handy abzugeben. Er offenbarte, dass es nicht um sein Unternehmen ginge, die Mitarbeiter dort wüssten, dass er nun für eine Woche nicht erreichbar sei, aber seine arme, alte Mutter, die erwarte täglich einen Anruf von ihrem Bubilein. Er müsse ihr doch beistehen, wisse doch nicht, wie lange er sie noch habe. Seine Mutter hielte es nicht aus, sieben lange Tage nichts von ihm zu hören. Es ginge schließlich um die Sicherheit dieser alten Frau. Um es kurz zu machen, ein „Geheimnis" der Psyche ist ganz schlicht, es lautet: Recht häufig trifft genau das Gegenteil dessen zu, was sich der Betroffene so denkt. Wie die Evaluation ergab, ging es auch Randy nicht um seine Mutter, es ging ihm um sich selbst. Er meinte, auf einen täglichen Kontakt mit seiner Mutter nicht verzichten zu können, weil er sich selbst dadurch eine Wichtigkeit herbeilog, die er bei ihr gar nicht hatte. Er gierte nach der Liebe der Mutter, um letztlich täglich bei seinem bisher üblichen

Telefonat mit ihr zu fühlen, dass sie selbst von ihm etwas geschenkt bekommen wollte, was sie ihm hätte geben müssen – und das von Kindheit an. Und da er es auch heute nicht bekommt, versucht er es morgen wieder ... und übermorgen ... und wenn er nicht gestorben ist, versucht er es weiterhin (im Laufe des Seminars durchschaute er das perfide Spiel dann aber doch).

Vorsicht Butter!

Auf dem Weg ins Burnout sollten Sie wesentliche Chancen nutzen. Dazu gehört ganz vorrangig, Ihre eigenen Gefühle, Ideen, Vorstellungen, Fantasien, Ihr Verhalten und Ihre Wünsche und Ziele keiner Wirklichkeitsprüfung mehr zu unterziehen. Dabei hilft die bewährte *Methode des Katastrophisierens*.

Dies ist eine herrliche und effektive Methode (gleich noch ein paar mehr), sich zwischen Macht und Ohnmacht zu zerreiben, wobei das nicht sein muss, wie uns weiter unten die Mutter von Sabrina eindringlich nahelegt. Auf die Frage, ob sie an ihren steten schlechten, zerstörerischen Fantasien leide, antwortete sie mit einem Lächeln: „Nein, im Gegenteil, ich habe sehr viel Befriedigung dadurch."

Vielleicht gehören auch Sie zu dem Menschenschlag, der alles voraussehen kann. Das, was die meisten voraussehen, sind Schicksalsschläge, Krankheiten, Pleiten, Verletzungen, eben alles, was das Leben aus- und zugleich schwer macht. Im Positiven sehen die wenigsten voraus, was alles geschehen könnte; auch hierbei dürfte die Trefferquote ähnlich tief sein wie bei den Befürchtungen, aber fälschlich prognostizierte Lottogewinne oder das Glück, eine reiche Partie zu treffen, sind eher peinlich, wenn sie nicht stattfinden.

Wenn Schlimmes nicht eintritt, folgt Erleichterung (alles aufgrund eigener Fantasie), wenn Gutes nicht kommt, folgt Enttäuschung. Also ist es erfolgversprechender, zu katastrophisieren. Es ist sehr sinnvoll, diese Fähigkeit zur Voraussicht von Schlimmem auszubauen. Es muss einen guten Grund haben, dass die noch immer umsatzstärkste Zeitung unseres Landes genau das zu einem wesentlichen Merkmal ihres Journalismus erkoren hat: Nehme eine normale, alltägliche, banale Nachricht und schaue, was alles schiefgehen könnte. Und schon wird eine zugkräftige Schlagzeile daraus. So wird aus einem vollkommen üblichen Konkurrenzverhalten in der Formel 1 die Schlagzeile: „Vorsicht Vettel! Plant Alonso den nächsten miesen Trick?" (Bild online 23.11.2012).

Sie können daraus lernen, wie man katastrophisiert. Damit Sie verstehen, wie es im Detail geht, hier die Anleitung:

1. Basis ist eine normale Botschaft, übliches Wissen, alltägliche Erkenntnis. Diese ist überaus ergiebig, weil immer verfügbar. Es ist letztlich gleich, ob es bei der Botschaft um ein Überraschungsei oder einen Tsunami geht.
2. Vermuten, ach was, erkennen: Das ist nicht normal, da steckt womöglich, nein, wahrscheinlich, Blödsinn, ganz sicher, etwas ganz anderes dahinter.
3. Punkt 2 muss einfach stimmen, als gesicherte Erkenntnis weiter verwenden und auf den Inhalt von Punkt 1 anwenden.
4. Die damit mögliche Aussage, wenn Sie vorsichtig sind, in Frageform äußern.
5. Position beziehen – weg mit der Frage ...

Und so geht es konkret:

1. Banale Tatsache: Der Osterfladen wird mit Butter gebacken.
2. Katastrophisierende „Erkenntnis": Butter ist ein Fett, darin sind Umweltgifte gelöst. Wahrscheinlich habe ich verunreinigte Butter genommen.
3. Wenn ich verunreinigte Butter verwendet habe, wird auch der Osterfladen verunreinigt sein.
3. Sorge: Ist die Butter im Osterfladen noch sicher?
4. Position: Backen zu Ostern ist krebserregend!

Es gibt genügend Gründe, Schlimmstes für die eigene Zukunft zu vermuten. Seien Sie wachsam!

Völlig grenzenlos

Grenzthemen sind (Ohn)Machtthemen. Bei Grenzüberschreitungen denken die meisten an Unverschämtheiten, unerwünschte körperliche Annäherungen, Strafen wie Schlagen oder Anschreien. Aber es gibt viel subtilere Methoden, Grenzen zu überschreiten:

Sabrina

Sabrina hat sich entschlossen, Golfspielen zu lernen. Da kommt ihr das Angebot der Volkshochschule recht, mit deren Kurs sie die sogenannte Platzreife schaffen kann und das für wenig Geld. Sie geht hin, merkt beim ersten Termin, Golf gefällt ihr und beiläufig erwähnt sie dies ihrer Mutter gegenüber. Auch beim nächsten Termin macht es Spaß. Der Kurs endet um 12 Uhr, nach zwei Stunden Ballschlagen ist Sabrina rechtschaffen müde. Um 15 Uhr ruft sie ihre Mutter an, die sie mit spitzem Unterton in der Stimme fragt: „Du bist schon da?" Sabrina: „Ja, wieso denn? Der Kurs ging doch nur bis 12 Uhr?" Ihre Mutter: „Ich dachte, Du übst noch ein bisschen. Es macht Dir wohl keinen Spaß?" Sabrina setzt an, um sich zum ungezählten Mal in ihrem Leben vor ihrer Mutter zu rechtfertigen, stoppt sich selbst und ist sauer. Sabrina ist übrigens 48, ihre Mutter 82 Jahre alt.

Das ist ein Beispiel für eine verbale Grenzüberschreitung. Ein impliziter Vorwurf (Du übst – mal wieder – zu wenig), der zugleich einen Leistungsdruck aufbaut (Beim nächsten Mal stehst Du um 15 Uhr hoffentlich noch auf dem Golfplatz) in Verbindung mit dem Versuch, es dem anderen madig zu machen (Golf macht Dir wohl keinen Spaß). Alles in allem eine „sehr gekonnte" Kommunikation, in der Tat eine mehrfache, unverschämte Grenzverletzung durch die Mutter.

Wer sein Leben lang unter dem Leistungsdruck anderer steht und sich das weder klarmacht noch es beendet und zugleich bei jedem Kontakt mit Vorwürfen rechnen muss, erschöpft sich im sozialen Umgang rasch.

Nehmen Sie Grenzüberschreitungen jeder Art weiter hin, Sie haben sich ohnehin längst damit arrangiert. Ihre Mitmenschen müssen sich auf Ihre Reaktion verlassen können.

Seien Sie dabei gnädig mit dem anderen, er kann halt nicht anders. Warum soll man etwas an der Kommunikation ändern, wenn es sich so lange und so wirkungsvoll bewährt hat?

Eine weitere Form von Grenzüberschreitung hängt mit dem Helfersyndrom zusammen – man kann sie als zu viel „Empathie", eher Einflussnahme, bezeichnen.

Gitte

Gitte ist Lehrerin mit Leib und Seele. Jeden Nachmittag nach Schulschluss bleibt sie noch in der Schule, um aufzuräumen, umzugestalten, auch, sich zu überlegen, wie sie welchem Schüler besser helfen kann. Gitte hat übrigens immer wieder Alpträume, letztens träumte sie von ihrem traurigen Ende. Sie wurde im Traum zu früh abberufen. Natürlich kam sie in den Himmel und stellte sich bei der Eingangsprüfung an. Es dauerte und dauerte, schließlich rückte sie fast ganz nach vorn auf. Erst jetzt erkannte sie Mutter Teresa, die direkt vor ihr um Einlass bat. Mit Herzrasen und voller Entsetzen wachte Gitte in dem Moment auf, wo Gott zu Mutter Teresa sagte: „Also weißt du, eigentlich hättest du etwas mehr tun können." (nach Trenkle 2000b)

Schüler und Lehrer sind zunächst einmal Fremde. Letztlich würfelt das Schicksal beide zusammen. Schüler wollen oder müssen etwas lernen, das ist ihre einzige Intention, die Schule zu besuchen. Sie gehen nicht dorthin, um bemuttert zu werden, auch nicht, um alles abgenommen zu bekommen. Die Lehrerin ist und bleibt eine Fremde, die sich dem Kind vertraut machen kann und umgekehrt. Das berechtigt sie jedoch in keiner Weise zu irgendeinem Grenzübertritt – und als solcher kann verstanden werden, wenn dem Kind alles abgenommen wird.

Das Problem haben beide, der zu viel tut und der, dem zu viel abgenommen wird. Abgesehen davon, dass es sich dann nicht mehr um erwachsene Empathie handelt, erfordern Grenzüberschreitungen – zeitversetzt bei beiden – Energie. Jedoch ist auch zu wenig Empathie, sich zu sehr abzugrenzen, eine Grenzverletzung des anderen, sofern dieser ein einfühlsames Gegenüber erwarten kann. Bei Empathie geht es um ein Schwingen um eine imaginäre Mitte: Zu viel ist falsch und zu wenig genauso (Bergner 2009). Grenzwahrung gelingt, wenn man im richtigen Moment „Nein" und im anderen, richtigen Moment „Ja" sagt und danach handelt. Zur Grenzwahrung gehört also immer die Fähigkeit, eine Situation korrekt zu bewerten.

Viele Beziehungen im privaten wie im beruflichen Umfeld brauchen eine gewisse Intimität (wie zwischen Arzt und Patient, Anwalt und Klient, Krankem und Pfleger) und genügend Vertrauen. Vertrauen ist immer ein Vorschuss, den der geben muss, der in der Beziehung in der schwächeren Position ist. Eine intakte Beziehung, welche auf gegenseitigem Respekt und Zurückhaltung basiert, rechtfertigt das Vertrauen. Es ist falsch, eine zu große Nähe anzustreben, das strengt auf Dauer beide an, genauso wie es erschöpfend ist, zu viel Distanz zu bewahren. Burnout setzt Grenzen, dann, wenn Sie diese selbst nicht rechtzeitig erkannt und eingehalten haben.

Sich zuzugestehen, was für einen selbst passt, bedeutet eine Einschränkung und damit eine Grenzziehung. Von größerer Bedeutung sind immer die eigenen Grenzen, wobei auch die der anderen beachtet werden müssen. Grenzen haben den Vorteil, Ihnen einen Raum zu bieten, in dem Sie handeln und ruhen können. Wichtig ist, die Grenzen weder als etwas vollkommen Starres fehlzuerkennen noch sie als zu variabel misszuverstehen. Sie sind und bleiben innerhalb Ihrer Grenzen, gleich, wie sehr Sie sich etwas anderes wünschen. Grenzen sind nicht definitiv festlegbar, aber sie sind erfahrbar und sie sind notwendig, um Grenzerfahrungen machen zu können: „Hier bin ich, hier sind meine Grenzen, auch meine Belastungsgrenzen, da bist Du." Die Maßlosigkeit, welche auch zum Ausgebranntsein führt, ist immer eine Missachtung der eigenen Grenzen beispielsweise als Selbstausbeutung – und manchmal auch der von anderen Menschen.

Nur wer stetig über seine Grenzen geht, wächst über sich hinaus.

Es gibt nichts zu tun, fangen Sie schon mal an

Aktionismus bedeutet, mehr zu tun als getan werden sollte oder getan werden kann. Er folgt der Idee: Besser irgendetwas getan, als ertragen, nichts tun zu können. Auch hinter Aktionismus steckt eine Form von Selbstbetrug. Der Aktionist täuscht sich selbst, etwas vorgeblich Sinnvolles tun zu können. Jede solche Handlung dient der Beruhigung oder der Bauchpinselung des Aktionisten. Es ist eine unehrliche Welt, in die man sich mit solchem Tun begibt. Es ist der Versuch der Machtausübung, wo Macht nichts verloren hat. Es ist eine Welt scheinbarer Macht, denn wenn nichts zu tun ist, auch aufs Tun zu verzichten, bedeutet, dem stattzugeben – und wer will das schon? Es gibt jedoch Berufe, bei denen fast erwartet wird, dass auf jeden Fall etwas getan wird. Da macht es selbstverständlich Sinn, sich auch an die Erwartungen, die an einen herangetragen werden, zu halten.

Immer was tun, statt blöd rumsitzen.

Die Fäden in der Hand behalten

Je mehr Sie *nicht* beginnen, umso weniger müssen Sie tun und umso weniger brauchen Sie zu delegieren. Der Milliardär Rockefeller hat wohl einmal gesagt, er selbst würde niemals etwas tun, was ein anderer für einen erledigen könne. Die meisten, die das lesen, werden sich nur denken: Schön wäre es. Dennoch, es gibt so viel mehr, was man delegieren könnte und nicht tut.

Brit

Schauen Sie sich die liebe Brit an, Juristin, ganztags beruflich beschäftigt und irgendwie managt sie das mit ihren zwei Kindern auch noch. Justin und Titia sind inzwischen neun und elf Jahre alt und trotzdem schmiert ihnen Brit jeden Morgen alle Schulbrote, deckt den Tisch, deckt ihn wieder ab und bringt die Kinder auch noch zum Schulbus. Dann fährt sie bereits geschafft und gehetzt in die Kanzlei. Nein, Brit ist nicht alleinerziehend, ihr Mann Gernot sitzt auch noch mit am Frühstückstisch, er fährt jedoch vor den Dreien weg und macht sich seinen Kaffee selbst. In der Kanzlei geht das so weiter: Brit macht notwendige Kopien lieber selbst, sonst fehlt noch eine Seite oder sie muss zu lange darauf warten, auch die Pflanzen – Brit liebt ihre Orchideen – gießt und düngt sie selbst. Wenn Termine zu verlegen sind, greift sie auch einmal selbst zum Telefon, und so fort.

Brit lässt somit jede Chance, zu delegieren, verstreichen. Das beginnt morgens, denn Neun- und Elfjährige können sich selbst ihre Schulbrote streichen und sind auch in der Lage, ihr Geschirr selbst in die Spülmaschine zu räumen. Das setzt sich am Tag fort: Kopien könnte die Praktikantin machen und um Pflanzen und Terminverschiebungen könnte sich die Sekretärin kümmern, die nicht nur einen grünen Daumen, sondern auch sehr viel Charme hat.

Hier können Sie einige Probleme mit dem Delegieren erkennen: Es ist meistens keine Unfähigkeit, sondern der Unwille und die Angst, dann scheinbar nicht mehr gebraucht zu werden oder Macht aus der Hand geben zu müssen. Zudem kann es sein, dass der Delegierunwillige einen anderen nicht um Hilfe bitten möchte (was Delegieren aber auch nicht bedeutet), weil er Angst hat, vor den Kopf gestoßen zu werden, also seinem Hochmut oder seinem Minderwertigkeitsgefühl folgt.

Das Prinzip: Was ich selbst tue, habe ich auch in der Hand. Denn zu delegieren bedeutet ja gerade, einem anderen persönliche Verantwortung zu übertragen mit dem Ziel einer Verbesserung der gemeinsamen Arbeit. Dabei ist Delegieren *die* Disziplin für Eigenbestimmtheit, die zur Entlastung viel beitragen kann und die für alle Entwicklungschancen bietet. Je mehr und gekonnter delegiert wird, umso geringer sind die Möglichkeiten, die „Esel-Grundkonstellation" des Burnout zu erleben. Um effektiv zu erschöpfen, sollten Sie schauen, was Sie alles selbst weiter oder auch erstmals tun können – wie Sie *möglichst nichts* an andere abgeben. Damit behalten Sie zunächst das Gefühl der vollen Machtkontrolle über ihr Leben. Denn es ist genau umgekehrt, als man auf den ersten Blick denken mag: Je weniger ein Mensch delegiert, umso mehr macht er selbst, aber umso geringer empfindet er seinen Eigeneinfluss.

Behalten Sie alle Fäden in der Hand, verzichten Sie darauf, zu delegieren.

Machtlos zufrieden

Je stärker ein Mensch erschöpft, umso stärker wird sein Ohnmachtsempfinden. Dabei löst die Erschöpfung nicht nur Ohnmacht aus, sondern Ohnmacht führt auch zur Erschöpfung – es ist ein sich gegenseitig verstärkendes Paar. Es ist letztlich unmöglich, alles im Griff zu behalten, ja, es ist sogar unmöglich, auch nur Wesentliches unter Kontrolle zu behalten. Diese Tatsache, der sich viele Menschen nicht stellen wollen, wird immer klarer und bewusster, je stärker jemand erschöpft. Nun ist es in unserer Gesellschaft so, dass es nach wie vor verpönt ist, sich als ohnmächtig zu outen. Auch das ist ein Grund, die schwindende, eigene Kraft und Macht nicht wahrzunehmen und längere Zeit davon zu träumen, man sei so stark wie ehedem. Wer das tut, in der Realität jedoch immer ohnmächtiger wird, wird innerlich immer verzweifelter. Sich dann schließlich einzugestehen, ohne Macht zu sein, kann einerseits erleichternd sein, weil damit endlich professionelle Hilfe möglich wird, kann aber auf der anderen Seite auch eine sehr stark empfundene Niederlage bedeuten, die kaum aushaltbar erscheint. Vor sich selbst wirklich zuzugeben: „Ich kann nicht mehr" fällt eben schwer, viel schwerer, als es zigmal dahin zu sagen.

Anhand des inneren Verhältnisses zur Ohnmacht können die drei Burnout-Phasen verstanden werden:

1. In der ersten Phase wird die eigene Ohnmacht vollkommen negiert – und das funktioniert am besten über das Ausleben von Energie, von Aggression. Es zeigt sich als heftige Geschäftigkeit. Diese lenkt einen ab von den tatsächlichen Problemen, nur nicht daran denken, was eigentlich zur Bearbeitung oder Lösung anstünde. Die nicht empfundene Ohnmacht ist ein Zeichen dafür, wie sehr der Bezug zu den eigenen, tief verborgenen Aufgaben fehlt. Irgendwie schwant den Menschen doch etwas, gerade ihr Perfektionismus und Kontrollverhalten sind wichtige Indizien dafür, wie sie versuchen, dem drohenden Machtverlust etwas entgegenzusetzen. Kontrolle täuscht Sicherheit vor – und das ist das Problem an der Sache: Der Wunsch nach Kontrolle ist eine Reaktion auf die eigene Ohnmacht. Sobald man versucht, die Ohnmacht über Kontrolle zu überspielen, rückt sie ver-

stärkt in den Fokus, was wiederum Anlass für die Verstärkung der Kontrolle ist: Es ist ein klassischer Circulus vitiosus.

2. In der zweiten Phase von Burnout kommen erste Ahnungen auf, dass die eigene Kraft und Macht doch begrenzt sind. Nun wird eine neue Taktik eingeschlagen: Statt Hyperaktivität werden Traumideen stärker: Kommt Zeit, kommt Rat, oder auch der Glaube an ein Wunder („Diesmal gewinne ich bestimmt und dann bin ich all meine Sorgen los"; „Im neuen Job geht alles viel leichter"; „Nur ein paar Wochen Urlaub und schon wird es wieder gehen"). Die Argumente fliehen vor der Erkenntnis des tatsächlichen Zustands und auch vor Eigenverantwortung. Andere sollen es richten, selbst wenn die das weder können noch tun werden. Die Ohnmacht klopft bewusster an die eigene Tür: Ich selbst, ich allein, werde es wohl nicht mehr schaffen.
3. Die dritte Phase ist von bewusster, korrekt empfundener Ohnmacht und Lähmung gekennzeichnet. Das bedeutet nicht, dass die Gefühle auch wirklich auf einen selbst bezogen werden. Einmal mehr dürfen andere dafür herhalten, dass es einem schlecht geht. Wenn kein Bezug zu sich selbst hergestellt wird, werden auch in der letzten Phase von Burnout noch Argumente gebraucht, die vom Eigentlichen, von der erschöpften und traurigen Seele ablenken: „Weil ich damals die Ausbildung nicht gemacht habe ..."; „Weil ich eine Frau bin ..."; „Weil ich ein Mann bin ...".

Erst dann, wenn der Betroffene fühlt und sagt: „Ich kann nicht mehr – Ich selbst bin erschöpft – Ich muss vieles ändern – So geht es nicht weiter" und wenn er dann sagt: „Und nun schaue ich, woher ich das habe und wie ich da rauskomme“, ist die Lähmung überwunden und das verfluchte Ausgebranntsein beginnt, einen Sinn zu haben.

Sie haben zwei Chancen, entweder Sie vertrauen blind auf Ihre ausgeprägte Macht und schauen, was geschieht, oder Sie geben sich ganz Ihrer Ohnmacht hin.

Wertlos

Wer bewertet, tut dies auch bei sich selbst. Wenn schon, dann bitte in einer gekonnten Form der selbstmissachtenden Abwertung. Gründe dafür gibt es genug, auch weit vor jedem Erschöpfungszustand. Stehen Sie einfach mal morgens auf und schauen Sie das an, was Ihnen aus dem Spiegel entgegenblickt: Sah auch schon mal besser aus. Wahre Selbstliebe zeigt der Mann, der sich dann sagt: „Ich kenn Dich zwar nicht, aber ich rasier‘ Dich trotzdem.“ Pech, wenn er eine Frau hat, die später allein vor dem gleichen Spiegel steht und sagt: „Dieses Ekel gönne ich ihm.“ (Nach Trenkle 2000a)

Miesepeter hören nicht bei sich selbst auf, denn wenn ich selbst schon nichts wert bin, sind es die anderen erst recht nicht und auch nicht das, was sie tun. Wo Bewertungen vorherrschen, ist der Vorwurf nicht fern: „Du hast schon wieder den Müll nicht rausgebracht“; „Wenn Du weiter so viel Bier trinkst, endest Du noch als Säufer“; „Früher hast Du mich wenigstens noch ab und zu in den Arm genommen“.

Was erkennen Sie? Jeder Vorwurf lenkt von sich selbst ab zu dem hin, dem etwas vorgeworfen wird. Das ist zwar auch das Ziel des Vorwurfs, jedoch lenkt er eben auch die Energie weg von Ihnen selbst, weshalb ein jeder Vorwurf auch Sie selbst schwächt.

Richten Sie so heftig und ausdauernd wie möglich über andere. Kritische Bewertungen über sich selbst dabei nicht vergessen!

Das gilt übrigens in abgeschwächter Form auch für das Lob als solches – auch ihm liegt eine Bewertung zugrunde, aber keiner will wirklich bewertet werden, auch nicht positiv, und sei es, dass dadurch die Angst aufkäme, irgendwann das gelobte Niveau nicht mehr halten zu können. Wenn Sie das mit dem Lob nicht glauben wollen, versetzen Sie sich einfach in die Situation, dass Sie vom Kreuzfahrtschiff ins eiskalte Wasser gefallen sind und von der Reling hören Sie in diesem Moment den Kapitän, der Sie für Ihr gutes Schwimmen lobt. Viele sind so sehr mit stetigem Bewerten beschäftigt, dass ihnen nicht mehr auffällt, wann sie bewerten und wann nicht. Denjenigen fällt nicht mehr auf, dass Wörter wie „brutal, cool, gestört, gut, schlecht, oft, immer" bereits per se Bewertungen sind.

Wenn das Volle die Fülle verbirgt

Kommt ein Patient zum Psychotherapeuten und beklagt sich, er sei innerlich vollkommen leer. Daraufhin der Therapeut: „So, so. Sie sind also ausgebrannt. Dann ist ja Platz für Neues."

In die gleiche Kerbe schlägt der Satz: „Stell dir vor, du gehst in dich und keiner ist da." (Trenkle 2004, S. 32) Wer sich innerlich völlig leer fühlt, den mag dieser Sarkasmus entsetzen, dennoch, diese Aussage hat einen gewissen Aufrüttelcharakter. Das ungute Gefühl völliger innerlicher Leere hat mit Leere nichts zu tun. Wer sich so fühlt, will das Viele, Volle, Belastende, nicht mehr an sich heranlassen getreu dem Motto: Lieber entleert als mit voller Blase.

Der Ausdruck führt also in die Irre, es handelt sich um eine erschöpfte Blockade, die weite Bereiche ehemaligen Interesses umfasst. Sie ist ein Zeichen dafür, dass der sich leer Fühlende noch nicht bereit ist, das zunächst Unerträgliche, das überaus Volle, konfrontativ anzuschauen. Aber genau das wäre der Sinn der Krise.

Freude an sich selbst haben funktioniert nur dann, wenn Sie zu sich selbst gefunden haben – was Zugehörigkeit und Rollensicherheit meint. Klare Rollenverhältnisse vermindern das Risiko für Fehlanforderungen und Missverständnisse sowie für Komplexität. Jede Rolle, die nicht mehr passt und dennoch beibehalten wird, ist eine falsche Rolle. In diesem Sinn sagte Mohammed: Sterbe bevor du stirbst. Das bedeutet: Ein Teil der bisherigen Identifikation muss aufgegeben werden, wenn Burnout definitiv weichen soll. Das gilt natürlich gleichermaßen für berufliche und private Rollen. Ansonsten besteht die Gefahr, noch nicht einmal im eigenen Leben die Hauptrolle zu spielen.

Bei Rollen sind der Fantasie der Menschen keine Grenzen gesetzt: Rollen im Privatleben sind die fürsorgliche Mutter, der großmütige Vater, die Geschwister umsorgende, große Schwester, die bissige Tante, der emsige Vereinsvorsitzende. Es gibt auch Rollen, welche in die meisten Situationen mit hineinspielen wie die Opferrolle (s. u.) oder die Helferrolle (Kap. 6). Rollen im Berufsleben können sowohl beruflichen Charakter haben, wie die multitaskingfähige Vorstandssekretärin, die herrschsüchtige Vorstandsvorsitzende oder der fachlich unangreifbare Manager, als auch eine private Note bekommen, wie der liebevolle Chef oder die großzügige Chefin. Solange eine Rolle einem passt und gern ausgeübt wird, ist gegen eine Rolle nichts einzuwenden, sofern sie die eigenen und fremde Grenzen wahrt.

Burnout entsteht jedoch bei einer anderen Konstellation besonders schnell, wenn eine selbst definierte Rolle *nicht* ausgeübt werden kann und zugleich eine unpassende weiter ausgeübt werden „muss“. Das führt zu innerlichem Rückzug, der die Folge der stetig erlebten Enttäuschung ist. Zugleich führt die fehlende Rollenausübung zum Gefühl, zu wenig selbst bestimmen zu können. Rollen müssen geändert, aufgegeben, neu ergriffen oder adaptiert werden, um Burnout zu vermeiden. Um Burnout zu bekommen, genügt es, weiterhin unpassende Rollen auszuüben und auf passende zu verzichten.

Rolle rückwärts

Wer abhängig ist, ist in einer schwachen Position. Das gilt auch für Abhängigkeiten jenseits von Geld oder Menschen wie beispielsweise von Inhalten oder Rollen: Wer sich von einer Rolle, von welcher auch immer, abhängig macht, begibt sich damit in eine Art von selbst gewählter Verpflichtung, die sogar bedingungslosen Charakter annehmen kann. Damit beraubt er sich selbst seiner Freiheit (die Rolle abzulegen oder nicht mehr auszuüben) und seiner Flexibilität. Je stärker jemand sich einer Rolle mit Druck verpflichtet, umso leichter kann er erschöpfen, spätestens dann, wenn diese Rolle nicht mehr in sein Leben passt.

Es gibt keine Rolle, die nicht innerhalb kurzer Zeit demontiert werden kann, wie gestürzte Bundespräsidenten und Fernsehmoderatoren beweisen. Die Demontage kann dabei sehr wohl durch den erfolgen, der die Rolle bislang innehatte. Wer kennt ihn nicht, den Gottschalk? „Wetten dass“, eine Sendung wie für ihn geschneidert. Wer kennt nicht sein breites Grinsen, wenn der Applaus, allein durch sein Erscheinen ausgelöst, fast nicht mehr enden will (hier könnten böse Therapeuten auf die Idee kommen, ein solcher Auftritt wäre eine narzisstische Befriedigung, aber wer glaubt denn, dass Menschen, die so in der Öffentlichkeit stehen, Narzissten sein können)? Durch ein furchtbares Geschehen bei einer Wette zog Gottschalk die wohl einzig richtige Konsequenz, er war dabei durchaus souveräner als die meisten Politiker: Er trat ab. Das bedeutete auch, er gab die Rolle des Moderators der größten Fernsehshow Europas auf. Was dann kam, wissen wir alle: Versuche, im Vorabendprogramm Fuß zu fassen, scheiterten kläglich, schließlich landete er neben Dieter Bohlen in einer Castingshow, für die zeitweise klatschende Zuschauer zugekauft werden mussten: Welch ein Weg! Bohlen blieb der Star dieser Show, der gab seine passende Rolle nämlich nicht auf; Gottschalk tat dies – mit den üblichen Konsequenzen. Daran können Sie etwas Wichtiges erkennen: Rollen passen oder sie passen nicht. Wenn sie passen, strengen sie nicht an, dann bringen sie Energie. Wenn sie nicht passen, kosten sie Energie.

Auf dem Weg ins Ausgebranntsein ist also wichtig, die unpassenden, dic anstrengenden Rollen unbedingt beizubehalten und mögliche, passende, abzulegen oder abzulehnen.

Es hat bisher viel Mühe bereitet, eine unpassende Rolle beizubehalten. Dies soll nicht umsonst gewesen sein: Fortführen!

Den richtigen Stil finden

Vielleicht mögen Sie sich einmal genauer betrachten, was die Rollen Ihres Arbeitsstils angeht: Spielen Sie eher den Großartigen, den Abweisenden, den Helfenden, den Überexakten, den Sorgenvollen oder das Strohfeuer (in Anlehnung an Berger 2006)? Je nachdem, wie Sie in Erscheinung treten, gibt es andere Möglichkeiten, auszubrennen. Der Reihe nach:

- Der *Großartige* pflegt einen egozentrisch-narzisstischen Arbeitsstil, er ist der Nabel der Welt, der große Star an seinem Arbeitsplatz und natürlich nicht nur da. Seine Arbeit ist alles andere als gewöhnlich, gleich, wo er ist: Hier ist seine Bühne! Seine Arbeit ist Teil seiner eigenen Inszenierung – jedoch ist nichts für seine hohen Ansprüche an sich selbst gut genug, er überfordert sich ständig. Diese Überforderung ist es auch, die seinen Einstieg ins Ausbrennen ermöglicht. Da die Mitarbeiter und Kollegen, die Klienten und Kunden meistens nicht so wollen wie er, bietet seine Arbeit genügend Chancen zur wiederkehrenden Frustration. Wer bewundert werden will und nicht dauernd bewundert wird, droht, sich zu erschöpfen. Wenn er wider Erwarten genügend Zuspruch findet, hat er durch seinen Perfektionismus und die eigenen Ansprüche noch ein weites Feld zur eigenen Erschöpfung. Ihm winkt die selbstgebaute Kombi-Falle aus hohen Ansprüchen, Opferposition, Unzufriedenheit und der Unfähigkeit, allem gerecht zu werden. Sein Grundgefühl ist letztlich jedoch die Furcht vor Blamage – das wird oftmals durch hervorragende Rhetorik und einen hohen Leistungswillen kaschiert, die seinen Arbeitsstil kennzeichnen.

- Der *Abweisende* wirkt sachlich und kühl, bevorzugt eine Arbeit, welche ihm genügend Theorie bietet. Er will keine sozialen Beziehungen, auch nicht im Beruf, wirkt sonderlich bis schrullig und immer irgendwie distanziert. Seine Einsamkeit nimmt zu und diese wiederum bildet eine wirkungsvolle Basis für sich ausdehnende Ängste. Er nimmt es zugleich genau, was nach außen als Recht-haben-Wollen interpretiert werden kann und ihn weiter in die Einsamkeit treibt. Konfliktunfähigkeit ist eine seiner Schwächen, insgesamt droht ihm Burnout durch die fehlenden sozialen Ressourcen. Sein Grundgefühl ist Misstrauen, auf seine auch dadurch geschärfte Intuition kann er sich oft verlassen.

- Der *Helfende* liebt es zu helfen: Wo ist der arme, leidende Mensch? Hier bin ich! Der Helfende bemüht sich stetig um den anderen, nimmt ihm Verantwortung ab und auch so manche Arbeit. Gern arbeitet er ehrenamtlich, sein Berufsfeld kann zur Ersatzfamilie werden. Leistung steht für ihn nicht im Vordergrund. Er gibt nach außen, was er selbst gerne hätte: gefüttert werden. Er spielt mit Abhängigkeitsverhältnissen zu seinen Mitarbeitern oder Klienten, was ein Zeichen für seine Abgrenzungsprobleme sein kann. Sobald ihm in welcher Weise auch immer die Gefolgschaft aufgekündigt wird, droht sein Zusammenbruch. Sein Grundgefühl ist eins sein wollen, seine Stärke ist seine Beziehungsfähigkeit.

- Der *Überexakte* ist zwanghaft, ein Erbsenzähler: Hauptsache Disziplin, Pünktlichkeit und Selbstbeherrschung. Dahinter steckt seine Angst vor dem Chaos. Alles dient ihm zur Leistungsentfaltung, Persönliches kann dabei leicht auf der Strecke bleiben. Aber wenigstens meint er, alles im Griff zu haben. Er hält sich streng an die Vorschriften, alle um ihn herum sollten bestenfalls kuschen. Dann schadet ihm auch die fehlende, eigene Flexibilität nicht. Er neigt zum Perfektionismus und ist körperlich verspannt. In all der fehlenden Lockerheit droht Ungemach. Sein Grundgefühl ist die Anspannung, seine Stärken sind Klarheit und Zielgerichtetheit.

- Der *Sorgenvolle* vermutet in jedem anderen einen Feind, er muss auf Nummer Sicher gehen, was sein Arbeitstempo drosselt. Seine Angst will beim anderen Autonomie und Selbstverantwortung unterdrücken. Nein sagen kann er kaum, Bedenken sind für ihn normal. Er versucht, sich nach allen Seiten abzusichern. Er ist der fleißige Arbeiter, auf den sich unzählige Chefs verlassen können. Wenn er sich ausgebrannt fühlt, dann, weil er im Dickicht all seiner Absicherungen kein Licht mehr sieht. Sein Grundgefühl ist Angst, die anderen bauen auf seine Verlässlichkeit.

- Das *Strohfeuer* ist der tolle Typ, der von jedem erkannt werden will. Immer knackig, immer aktiv, immer jung, einfach cool – und auch so originell. Sein Beruf ist die Plattform für seinen Spaß – was kostet die Welt? Eben! Geht doch! Er entfacht gern aktionistische Feuerwerke, Fundament braucht er nicht. Absprachen sind Möglichkeiten, warum soll er sich daran halten? Wer so toll ist, mit dem will auch jeder im Bett landen, was soll er nur tun bei all den überzeugenden Angeboten? Sein Problem kommt, wenn die Natur auch bei ihm erbarmungslos zuschlägt und er alt wird. Er brennt deshalb eher später aus. Er will nicht verantwortlich werden, dazu gehört auch, dass er Bindungen vermeidet. Seine Grundstimmung ist die Luftigkeit, verlassen kann er sich auf seine Kreativität, Schnelligkeit und Spontaneität.

Erkennen Sie Ihren einen oder Ihre zwei Arbeitsstile und nutzen Sie die darin enthaltenen Hinweise für Ihren individuellen Weg ins Burnout.

Was ist, wenn nach einem intimen Beisammensein der Mann sein Kondom in die Hand nimmt, hineinschaut und dann aufschreit: „Mir hat jemand ins Kondom onaniert!" Genau, dann ist er ein Opfer. Was wäre man heute, ohne ausgebrannt zu sein? Ein Nichts. Noch nicht einmal Mainstream. Ungehörig zufrieden. Kein Gesprächsthema. Kein Opfer.

Wenn Sie sich endlich genug erschöpft fühlen, erkennen Sie, was oder wer dafür verantwortlich ist. Es können nur die Umstände sein oder die anderen, eventuell sind sogar höhere Mächte am Werk. Was sonst sollte es sein, dass Sie immer wieder nicht weiterkommen lässt? Wer Burnout bekommt, opfert sich selbst, statt fixe Vorstellungen zu korrigieren oder denen die Opferrolle zuzuweisen, denen sie zustände – und das sind gar nicht so selten die scheinbaren Täter.

Widerstehen Sie der Eingebung, Dinge zu verharmlosen: Lassen Sie sich ganz und gar ein auf die Welt der Traurigkeit, der Erschöpfung, der Sinnlosigkeit. Laisser-faire: Darüber können Sie mit Recht nur lachen. Wie kann man nur so oberflächlich sein? Sie sind es jedenfalls nicht. Sie verstehen alle Kleinigkeiten auch als Angriffe auf Sie selbst. Selbstverständlich sind es die Kunden (Verkauf), Kinder (Erzieher und Lehrer), Patienten (Pflegebereich, Ärzte), Gäste (Hotel, Flugbegleiter), die Mitarbeiter (Führungskräfte), die Vorgesetzten (Führungskräfte) und so weiter, welche Ihr Leben maßgeblich in der Hand haben und entscheiden, ob es Ihnen gut geht oder nicht.

Opferpositionen ermöglichen Ihnen, anderen die Schuld zuzuweisen. Und es gibt wahrlich so viele verschiedene Chancen, Schuld beim anderen zu erkennen. Es ist so etwas wie der Ritterschlag der wahrhaftigen Selbsterkenntnis, wenn Sie anderen Schuld zuweisen, den Ärzten für Behandlungsfehler, den Eltern für Erziehungsfehler, den Lehrern für Bildungsfehler, den Energieverschwendern für das Ozonloch, den Politikern für die Rezession oder die Inflation oder die Globalisierung oder die Regionalisierung und insbesondere natürlich den Arbeitgebern für die Bedingungen am Arbeitsplatz und dabei auch dem Chef für dessen Art, mit Mitarbeitern umzugehen. Diese Liste könnte deshalb ein Buch füllen, weil sie so wahrhaftig ist – natürlich sind Sie es nicht selbst, der Verantwortung für sein Tun und sein Leben hat. Es sind die anderen, die Sie zum Elend quasi treiben oder verführen.

Gehen Sie voll und ganz in Ihrer Opferposition auf, es lohnt sich!

Als Opfer kann sich nur fühlen, wer der oder den auslösenden Situationen gegenüber verhaftet bleibt. Wer eine Situation, die für andere Anlass ist, Opfer zu sein, nutzt, um daraus das Beste zu machen, entfernt sich von der Rolle und findet zu sich selbst und seiner eigenen Kraft zurück. Am Alten, am Opferdasein, festzuhalten widerspricht der Erkenntnis vom stetigen Wandel. Wer hingegen Neues wagt, hat verstanden, dass sein Werden laufend nach Änderungen verlangt, weil es sich weiterentwickeln mag. Ein Problem aus dieser Erkenntnis resultiert dann, wenn jemand nach Neuem giert, obgleich sein Leben gar nicht danach verlangt. Das hat damit zu tun, eine Stille, auch einen Stillstand, nicht ertragen zu wollen (Kap. 16).

Das Gefühl, ein Opfer zu sein, kennt wohl jeder Mensch, zumindest aus seiner Kindheit. Zweifellos gibt es Situationen, in denen man zum Opfer werden kann. Opfer zu *wer-*

den, können Sie nicht immer verhindern, zu stark kann die Grenzüberschreitung von außen sein. Was Sie als Erwachsener jedoch in Ihrer Macht haben, ist, wie Sie darauf *reagieren*, sowohl mittels Ihrer Einstellung als auch Ihres Verhaltens. Das bedeutet: Opfer zu *bleiben*, steht in Ihrer Macht und somit auch, *kein* Opfer zu bleiben. Wer sich als Erwachsener wiederholt oder stetig als Opfer fühlt, will das so. Es ist eine Rolle, die er nimmt und meistens auch nutzt. Wer einen anderen oder etwas anderes als Täter definiert, dessen Opfer er ist, gibt damit seine Macht aus der Hand. Genau das hat die Opferrolle gemeinsam mit der Entwicklung von Burnout. In beiden Fällen kommt es zu einer letztlich freiwilligen Machtaufgabe. Es kann durchaus sein, dass der betroffene Mensch, das Opfer also, es nicht allein schafft, aus dieser Rolle herauszukommen. Dann hat er aber immer noch die Möglichkeit, sich um Hilfe von anderen zu bemühen.

Selbst wenn Sie Ihre Opferposition stören sollte – es kann Ihnen einfach keiner helfen.

In der Regel sind die Opfersituationen besonders einschneidend, die lang zurückliegen. Etwas sehr negativ Empfundenes wirkt dann aus der fernen Vergangenheit stark ins Heute. Man kann etwas einmal Geschehenes nicht ändern, aber das, wie man heute damit umgeht, kann modifiziert werden. Die Frage ist, ob man dem Geschehenen und damit auch dem Täter weiterhin die Macht geben möchte, einen selbst zu beeinflussen.

Der Weg zum Ausgebranntsein ist meistens mit Opferrollen gepflastert, denn nichts ist leichter als die Verantwortung für das, was einem geschieht, abzugeben: An die Arbeitsstelle, die Kindheit, den Partner, den Chef – all das sind

Außenfaktoren, denen zumindest anfangs die volle Schuld zugewiesen wird. Burnout kann erst dann heilen, wenn die Opferpositionen, durchaus nach kritischer Würdigung auch der wahren Anteile darin, aufgegeben werden.

Um auszubrennen, lohnt es sich demnach, sich intensiv damit zu befassen, wer und was alles Sie zum Opfer gemacht hat, wie schlimm das war und heute noch ist. Damit die Vielfalt der Chancen, die hier schlummern, klar wird, eine Auflistung, sozusagen die Top 20 der Täter:

- Kindheit,
- Eltern,
- Missbrauchstäter,
- Erziehung,
- Kirche,
- Politik,
- Lehrer,
- Verbrecher,
- Chef, Vorgesetzter,
- Arbeitsbedingungen als solche,
- Alkohol (Drogen),
- eigene Hilfsbereitschaft und deren Ausnutzung,
- Krankheit oder Behinderung,
- Versicherung,
- Partner,
- Ärzte,
- Gene,
- Krieg,
- Wetter,
- falsche Beratung.

Wesentlich ist, die höchst menschliche Eigenart des Verzeihens und die noch eine Stufe höhere des Vergebens dort zu lassen, wo sie hingehören: zu Mutter Teresa; und selbst die litt wohl an vollkommener Erschöpfung und Depressionen, heißt es.

Niemals die Wut, die Ohnmacht und die Verzweiflung aufgeben – das sind Kicks fürs Leben, die wunderbarerweise dann auch unmittelbar in eine Lose-lose-Situation münden: Sie selbst verlieren, die Schuldigen ohnehin und auch das Ergebnis in Form Ihrer Lebensenergie.

Da spielt es auch keine Rolle mehr, dass man an einer Opfersituation (nicht Rolle!) wachsen könnte, um stärker zu werden als der Täter. Auf ihn zuzugehen, bedeutet, die Opferrolle aufzugeben und selbst stark zu werden.

Eine Opferposition wurde hart erarbeitet, deshalb sollte sie beibehalten werden.

8 Trotz-Key

Das mag ich nicht, das will ich nicht, das kann ich nicht. Trotz ist wirklich sinnvoll. Jedenfalls, wenn man zwei Jahre jung ist. Dann stehen einem fast keine anderen Instrumente, seine Individualität auszudrücken und auszuprobieren, zur Verfügung. Wer Trotz als Erwachsener braucht, ist jung geblieben, vielleicht ein bisschen zu jung. Vielleicht ist es einfach zu vertraut, in Gegenposition zu gehen. Grundsätzlich ist es so unwichtig, gegen etwas zu sein. Sich für etwas zu entscheiden, wird viel ergiebiger sein. Das „gegen" richtet sich auf den ersten Blick gegen andere und anderes, beim Blick hinter die Kulissen wird klar, das Nein wendet sich gegen die eigenen Bedürfnisse. Das „für" steht für einen selbst.

Nein, nein und nochmals nein

Das Nein in der Pubertät, ja schon das erste trotzige Nein des zweijährigen Kleinkindes, stärkt das Ich. Wenn es nicht früh geübt wird, wird es später nicht gekonnt. Dann folgt ein schwaches Ich, das notorisch Ja sagt, aber Nein fühlt. Und dieses Nein kann sich als Unzufriedenheit äußern, nachfolgend als Erschöpfung. Wenn ein Nein nicht rechtzeitig geübt und ausgeübt wird, bahnt es sich später, meistens an sehr unpassender, weil selbstzerstörerischer Stelle, seinen Weg. Wenn man so will, wiederholt Burnout damit den Prozess von einer kindlichen hin zu einer erwachsenen Fähigkeit und Sicht.

Das Nein des Kleinkindes fällt umso leichter, je stärker gebunden es sich fühlt. Kleinkindern fällt ihr stetiges Nein dann leicht, wenn sie fühlen, dass sie niemals von Mutter und Vater aufgegeben werden. Die Bindung bietet also Sicherheit. Auch deshalb wird das Nein bei Burnout so lange unterdrückt. Weil man sich eben nicht wirklich zugehörig fühlt und berechtigte Angst entwickelt, nicht mehr dazuzugehören, was dann in der zweiten Phase mittels Depersonalisation wie ein vorauseilender Gehorsam vorweggenommen wird.

Trotz sagt nur Nein, gibt jedoch keine Alternative vor. Das ist ein Phänomen, welches Burnout regelhaft zumindest anfangs auszeichnet: Der Betroffene ist erschöpft, will und kann nicht mehr, aber er weiß nicht, wohin er will. Meistens flüchtet er sich in die Idee, alles solle so werden wie es einmal war. Das ist eine Form von Selbstbetrug, denn das „so, wie es einmal war" war je gerade der Auslöser für Burnout.

Wie in der Menschwerdung der Trotz sehr früh einsetzt und dann durch die Fähigkeit zur ehrlichen Selbstkritik abgelöst werden soll, ist es auch mit Burnout: Wenn es beim Nein bleibt, dem Nein der eigenen Situation gegenüber, dem gegenüber, was das Burnout initiiert hat und dem Nein der Krise selbst gegenüber, kann es zu keiner Lösung kommen. Wer als Mensch älterwerdend im Trotz bleibt, bleibt Kleinkind.

Eine Basis von Burnout bildet sich, wenn das Nein ins Innere aufgenommen wird und dann in einer Welt der Ablehnung gelebt wird. Es schreit leider nicht nach außen, wohin es will, sondern nur noch nach innen. Um sich diesem Druck auch lange Zeit nicht stellen zu müssen, wird das nun innere Nein nach außen durch ein auffallend kräftiges Ja kaschiert. Dieses Ja bedeutet: Ich setze mich ein, ich will das, ich bin hier genau richtig. Hierher gehört ein Satz, dessen mickriger Wahrheitsgehalt auch durch unzählige

Wiederholungen nicht größer wird: Wer ausgebrannt ist, muss einmal entflammt gewesen sein. Diese „Entflammung“ ist eine Stichflamme, welche das innere Nein für gewisse Zeit überstrahlt.

Ohnehin – was soll das bedeuten, Entflammung? Die meisten werden einmal eine oder dutzende Flammen gehabt haben, also Menschen, für die sie brannten. Aber ist diese milde, angenehme Form des Verrücktseins, also das Verliebtsein, die richtige Ebene für das, was im Beruf wichtig ist? Sollte es dabei nicht erwachsenerweise um Interesse gehen, um Hinwendung, um Zielvorstellungen, um den Wunsch der Erfüllung oder der Zufriedenheit statt der Entflammung?

Erst einmal ablehnen, sich nicht einlassen, für ein Ja ist später auch noch Zeit.

Der Waschlappentest

Kevin

Es ist drei Uhr morgens, der Dienstarzt Kevin schläft in seiner ersten Tiefschlafphase, da weckt ihn schrill das Diensttelefon. Der Pförtner der Klinik ist dran und teilt ihm mit, dass ein Notfallpatient in der Ambulanz auf ihn wartet. Kevins Puls schnellt von 56 auf 160, er schnellt ebenso aus dem Bett und rast die fünf Stockwerke Altbau herunter, weil es die Dienstanweisung gibt, im Notdienst dürfe der altersschwache Aufzug nicht benutzt werden. Kevin spurtet weiter durch die Gänge und am Ende des Wegs wartet nicht ein einsamer, leidender Mensch auf ihn, sondern eine Gruppe pöbelnder Betrunkener. „Gemach, gemach“, denkt sich Kevin, „Contenance bewahren, du bist immerhin hier der Repräsentant der Klinik.“ Er fragt, wer der Patient sei und bittet

den Herren in die Ambulanzkabine. Dort fragt er ihn, weshalb er um diese Zeit komme und der Patient lallt ihn an: Offenbar geht es um eine Hautveränderung an der Fußsohle. Kevin schaut sich das an, eine Blickdiagnose, der Mann hat eine harmlose Hautveränderung, die mit Sicherheit seit Langem besteht und von der Kevin weiß, dass sie nie irgendwelche Beschwerden macht. Trotzdem, er klärt auch das ab, beides wird ihm bestätigt. Der Patient meint noch, es sähe halt nicht schön aus. In diesem Moment lernt Kevin eine der wirkungsvollsten Burnout-Präventionsmaßnahmen. Er sagt in ruhigem Ton: „Nein!". Der Patient schaut verdutzt, meint, sich verhört zu haben, aber Kevin wiederholt: „Nein, jetzt behandele ich Sie nicht. Kommen Sie gern in der Früh ab sieben Uhr zur normalen Ambulanzsprechstunde wieder her." Endlich! Endlich kommt der Trotz des Kleinkinds in einer *erwachsenen* Form wieder. Begrüßen Sie ihn herzlich!
Kevin begleitet den Patienten in den Vorraum, die Gruppe Betrunkener droht noch mit der Lokalpresse und schließlich zieht sie weiter.

Das passende Nein ist eine wesentliche Hilfe, um die eigene Grenze zu wahren. Wem es zu schwer fällt, der geht das Risiko ein, vor sich selbst nicht mehr zu bestehen, der sogenannte Waschlappentest, und das kann die eigene Erschöpfung forcieren.

Sie sind einfach zu lieb und verzichten deshalb immer wieder auf ein notwendiges Nein. Bitte leben Sie weiter Ihre beeindruckende Harmlosigkeit aus.

Wer ja sagt, obgleich er Nein sagen wollte, fürchtet die Konsequenzen. Kurzfristig fühlt sich das falsche Ja gut an, auf Dauer wächst der Druck beim Jasager, Energie geht verloren. Das falsche Ja entspricht einer Verneinung der eigenen Bedürfnisse – das Nein, welches nach außen streben sollte, wirkt in einem selbst. Ein sinnvolles Nein kann trainiert werden, beispielsweise, indem man Standardsätze nutzt (Ury 2009):

- Ich habe andere Verpflichtungen.
- Ich abonniere grundsätzlich keine Zeitschriften.
- Wenn Sie sofort eine Antwort benötigen, so lautet sie nein.

Wenn Sie es bestmöglich lösen wollen, legen Sie nach Ihrem freundlich verpackten Nein eine Pause ein und fügen ein „Tut mir leid" oder „Danke, dass Sie an mich gedacht haben" dazu. Und noch etwas ist möglich: Ja, aber! Kevin hätte also auch so antworten können: „In der Nacht werden ausschließlich echte Notfälle versorgt. Tut mir leid. Ja, aber wenn Sie in der Früh wiederkommen, behandeln wir Sie gern."

Jedes opportunistische Ja schafft echte Freunde.

Lust auf Frust

Man fühlt sich dann frustriert, wenn etwas anders eintrat als man wollte oder dachte. Eine Frustration entwickelt sich, wenn Gegebenheiten entstehen, die man nicht haben will. Deshalb sind es nicht nur Enttäuschungen, sondern fehlende Anerkennung, das Nichterreichen von Zielen, unberechtigte einem entgegengebrachte Aggressionen, Monotonie, Konfrontation mit der Dummheit der Welt, Versuche, einen zu missbrauchen, empfundener Stillstand, Sinnlosigkeit, Langeweile, das Gefühl, nicht gebraucht zu werden, die zur Frustration beitragen.

Nun gibt es grundsätzlich zwei Möglichkeiten, auf eine Frustration zu reagieren: Man könnte die auslösende Situation anschauen, verstehen und zukünftig anders damit umgehen. Das wäre eine erwachsene Lösung. Aber wer strebt so etwas schon an. Viel besser ist doch (siehe Opferrolle, Kap. 7), sich voll und ganz in der Frustration zu erleben und das so oft wiederholt wie nur möglich! Endlich mal Stimmung, denn die Frustration führt zu einer Gefühlsreaktion: entweder zur Traurigkeit oder zum Ärger. Beide sollten missachtet werden, denn dann frisst sich die Frustration gekonnt in Ihr Leben und schließlich kapitulieren Sie vor ihr, der innere Rückzug wird angetreten. Irgendwann wird der auslösenden Situation mit der Krise endlich das zuteil, was sie schon immer wollte: Ganz im Mittelpunkt zu stehen.

Dann kann man das, was man in seinen Opferrollen längst trainieren konnte, auch hier anwenden.

Frustrationen gehören zum Leben: Kümmern Sie sich nicht weiter drum.

Was wahr ist, definiere ich

Was sagt der alte Herr auf den Hinweis des Arztes, er müsse dringend abnehmen, damit sein Blutzucker sinke? „Ach, Herr Doktor, meiner Frau geht es nicht gut im Moment, ich muss mich um sie kümmern."

Was sagt die kleine Nadja zur Aufforderung ihrer Mutter, sie müsse sich die Hände waschen, bevor sie zum Mittagessen komme? „Mama, ich habe so einen Hunger."

Was sagt der junge Tim mit seinen 14 Jahren auf den Kommentar seines Vaters, er müsse sich auf den Hosenboden setzen, damit er später einmal das Abitur schaffe? „Papa, ich will gar nicht studieren."

Die Auflistung solcher und ähnlicher Reaktionen könnten Bücher, nein Bibliotheken, füllen. Es handelt sich um die Verleugnung der Realität, meistens durch Ablenkung oder Verneinung. Letztlich bedeutet es entweder: „Ich will das jetzt nicht hören oder wahrhaben“ oder „Du sagst mir nichts“ (siehe motivationale Muster, Kap. 12). Und schon hat sich das Problem, aber nur für den Moment.

Es gibt Menschen, die gehen mit einem riesigen Schild auf der Stirn durch ihr Leben auf dem steht: „Ich will es nicht wahrhaben!“ Sie sind die personalisierte Verleugnung, Hauptsache, die Wahrheit möglichst lange nicht sehen müssen. Dieses Nein zur Realität beschleunigt die eigene Erschöpfung, denn meistens ist es das innerliche Ja, welches Ihnen Kraft für Ihren Weg schenkt. Wer erfolgreich ausbrennen will, sollte seine eigene Realitätsverleugnung trainieren und stetig anwenden. Realitätsverlust ist eine Form von Lüge und – Sie erinnern sich – diese ist bei negativer Auswirkung die Ursache einer Krise. Damit ist beispielsweise möglich, die immer auftretenden, körperlichen Zeichen (Kap. 14) und die seelischen Warnhinweise zu überhören. Wäre auch noch besser, sich der Realität ungeschminkt zu stellen.

Verhandeln Sie über lange Zeit mit dem eigenen Schicksal und produzieren Sie Scheinergebnisse.

Danke sagen habe ich nicht nötig

Kennen Sie diese Spendenaufrufgalas, die rechtzeitig vor Weihnachten unser Fernsehprogramm stören? Was wird da nicht gelobhudelt und gedankt. Das ist kaum auszuhalten. Schulden Sie jemandem Dank? Eben nicht, entweder war das, was Ihnen eventuell Gutes getan wurde, mehr als selbstverständlich, oder es geschah in einer unguten Absicht und sei es in der, dass Sie schwach werden und danken sollten. Aber diese Blöße sollten Sie sich nicht geben. Andere Menschen geben Ihnen grundsätzlich nichts umsonst, eine Gegenleistung wird eben immer erwartet – und das ist einer der berechtigten Hauptgründe, auf jedes Hilfsangebot zu verzichten. Jetzt sollten Sie sich einmal klarmachen, ob Sie nicht doch jemandem Dank schulden könnten in Ihren bisherigen Leben? Keine Sorge, ab sofort können Sie das Ruder rumreißen und sich so verhalten, dass Ihnen niemand mehr unlautere Hilfsangebote macht.

Zu danken ist ein Zeichen von Schwäche.

Ferdinand

Damit Sie ein warnendes Beispiel vor Augen haben, hier das, was Ferdinand, selbstständig in großer, eigener Kanzlei, dazu sagt: „Wenn ich mein Leben so Revue passieren lasse, gibt es eine fast unüberschaubare Anzahl von Menschen, denen ich Danke sagen sollte. Wenige Beispiele sind: Meine Biologielehrerin, welche uns Schülern das Wesen des Klöppelns so plastisch schilderte, dass ich inzwischen schon Schränke voll habe mit eigenen Klöppelarbeiten. Meine erste Freundin, die so behutsam war, dass gar nichts geschah. Mein Tutor im Studium, welcher mir den Reiz der Steuergesetze vermittelte. Meine Frau, die mir zwei anstrengende Kinder schenkte. Mein Arzt, der eine leichte Erkrankung korrekt erkannte und über Zuzahlungsleistungen mit mir direkt abrechnete."

Ferdinand, mir graut vor Dir! – wenn Sie das nun denken, haben Sie recht. Missachten Sie die vielen, guten Kontakte in Ihrem Leben und gehen Sie ganz im Gefühl auf, diese hier und heute und in Zukunft weder zu wollen noch zu brauchen.

Hilfe von anderen mag im Leben anderer Menschen eine wesentliche Rolle spielen, aber Sie sind davon inzwischen wirklich geheilt.

Nichts, was mich stolz macht

Es soll Menschen geben, die stolz sind auf das, was sie geschafft haben und die wissen, wie sie sich wieder aufbauen, wenn sie einmal erschöpft sind. Schauen Sie sich zunächst den wirkungsvollen Umgang mit den eigenen Erfolgen an. „Welche Erfolge?", fragen Sie sich? Dann sind Sie auf dem richtigen Weg. Trotzdem, gehen Sie seriös an die Sache heran. Es wird sicher etwas geben, auf dass Sie insgeheim oder auch öffentlich stolz sind, eine besonders gute Note früher, eine tolle Arbeit, ein Projekt, das wirklich gut abgeschlossen wurde, Ihre Fähigkeit, fleischfressende Pflanzen zu züchten. Oder gibt es nicht zumindest ein eigenes Kind, auf dass Sie stolz sind? Im Notfall nehmen Sie das. Betrachten Sie genau, was an Ihrem Erfolg besonders war und versuchen Sie dann, in wenigen Sätzen eine passende Beschreibung hierfür zu finden. Wenn Sie diese haben, haben Sie Ihren Erfolg erst einmal dingfest gemacht. Aber das genügt selbstverständlich noch nicht. Nun nehmen Sie eine Form von Hubschrauberperspektive ein: Gibt es wirklich gar nichts, was man daran nicht doch aussetzen könnte? Wenn Ihnen nichts einfällt, sind Sie nicht vielleicht doch etwas zu milde mit sich selbst? Stellen Sie sich beispielsweise vor, Ihr Intimfeind würde Ihren Erfolg bis ins letzte Detail bewerten: Würde er nicht doch etwas zu kritisieren finden? Und was? Genau! Jetzt haben Sie's. Sehen Sie: So toll war das gar nicht mit Ihrem Erfolg.

In diesem Zusammenhang erinnere ich mich an einen Klienten, der sich beklagte, er habe mit nur 847 (von 900) Punkten sein Abitur gemacht. Seine Durchschnittsnote betrug damit offiziell 1,0, hochgerechnet 0,8. Ich war sehr erstaunt über sein Wehjammern, bis er von einem Mitschüler berichtete, der hatte zwei Punkte mehr. Ja, die 847 Punkte waren ein wirklich beeindruckender Misserfolg; genau 0,23 % schlechter als der andere, wie mir der inzwischen 52-jährige Klient weiter berichtete. Der drittbeste hatte übrigens einen Schnitt von 1,7.

Wenn Sie einen Erfolg fühlen, ist Ihre kritische Selbstbewertung mangelhaft.

Wenn Sie Ihre „Erfolge“ auf diese Weise intensiv und selbstkritisch betrachten, müssen Sie feststellen: Es waren gar keine, nichts, auf dass Sie wirklich stolz sein sollten. Immer wäre es nämlich noch ein bisschen besser möglich gewesen. Oder haben Sie wirklich immer bis zum Zusammenbruch gerackert? Wenn dem so sein sollte, sollten Sie sich erst recht schämen. Denn mit Sicherheit hat gerade Ihr Zusammenbruch verhindert, noch mehr geleistet zu haben. Was für Ihre vermeintlichen Erfolge gilt, gilt genauso für das, was Sie bisher als Ihre Stärken definiert hatten: Sind Sie darin wirklich unangreifbar gut? Oder ist es, mal im Vertrauen, nicht doch eher Durchschnitt, was Sie da zu bieten haben?

Da hilft eine kleine Geschichte von dem kleinen Maxi und seinen Eltern weiter. Die drei gingen zu einer Berufsberatung. Auf die Frage des Beraters, ob ihr Sohn besondere Vorlieben oder Stärken habe, meinte die Mutter: „Er mag

Tiere so gern. Wir haben schon darüber nachgedacht, ob nicht Metzger das Richtige für ihn sein könnte." (Trenkle 2000a).

Aber bevor Sie sich weiter Ihren „Stärken" zuwenden, sollten Sie einen längeren Blick auf Ihre Schwächen werfen. Hoffentlich kennen Sie wenigstens diese genau. Es hat schon gute Gründe, dass Ihnen in der Schule immer Ihre Fehler, sozusagen Ihre Schwächen, rot angestrichen wurden. Als Schwächen werden körperliche Besonderheiten, Wissenslücken, unzureichende Fähigkeiten, emotionale Barrieren und Persönlichkeitseigenschaften empfunden. Schwächen sollten Sie sich glasklar machen, denn mit diesem Wissen können Sie das Maß Ihrer Unzufriedenheit stärken und ausbauen. Und Sie wissen inzwischen, dass Unzufriedenheit das Leitgefühl für Burnout ist; an diesem können Sie sich quasi entlanghangeln. Hören Sie nicht auf Menschen, die behaupten, Ihre Schwächen würden Sie liebenswert machen: Quatsch! Je perfekter Sie sind, umso mehr werden Sie geschätzt und gewürdigt. Außerdem stören diese Schwächen sowohl Ihr Vorankommen als auch Ihr Selbstbild. Selbst wenn es wahr wäre, dass die wenigsten Menschen um Sie herum mit Ihren Schwächen Probleme haben, weil es meistens Sie selbst sind, der daran knabbert. Verhindern Sie auf jeden Fall, Ihre Schwächen anzunehmen. Wohin mit all der Kraft, die Sie dadurch freisetzen würden? Gehen Sie auf Nummer sicher und versuchen alles, wirklich alles, damit Sie aus Ihren Schwächen Ihre wahren Stärken machen. Wie das geht, dazu haben Sie sicher viele gute Ideen, was gut so ist, denn ich weiß es leider nicht, aber versuchen sollten Sie es auf jeden Fall.

Schwächen gehören ausgemerzt.

Aber auch Stärken verlangen danach, immer weiter verbessert und vervollkommnet zu werden. Wofür sonst gäbe es sie? Es geht um Höchstleistung im Leben, dann werden Sie wenigstens wirklich geliebt. Das kann schon einmal dazu führen, ans Äußerste zu gehen und das Letzte aus sich heraus zu holen. Macht das Letzte überhaupt einen Sinn, wenn Sie es nicht wenigstens versuchten? Stärken sollten Sie stetig und überall einsetzen.

Es gibt keine Stärke, die kein Verbesserungspotenzial hätte.

Erich Fromm meinte einmal, eine übertriebene Stärke werde zur Schwäche (Bergner 2010a). Wenn Sie beispielsweise besonders gut zuhören können, dann tun Sie dies auch in jedem Notfall, in dem es ums Handeln und weniger ums Zuhören geht. Glauben Sie nicht an solch einen Psychokram, vertrauen Sie ganz und gar Ihrem eigenen Urteil, das sollte sich auf Ihre Stärken berufen und zugleich Ihre Schwächen tilgen.

Werfen Sie keinen Blick mehr auf das, was Sie bisher vielleicht als Ihre Ressourcen vermutet hatten, das sind nicht nur Ihre Interessen, Ideale, Ihre Erfahrungen, Fähigkeiten oder Visionen, sondern ebenso Ihre Beziehungen, Einstellungen, Ihre Fähigkeit, Entscheidungen zu treffen, Interessen, Motive, Werte und Ziele. Das klingt doch jetzt schon arg nach einer typischen Auflistung aus Lebensratgebern – und wohin die Flut dieser Bücher führte, wissen wir heute: Mehr Burnout denn je! Offenbar führt eine zu intensive Beschäftigung mit den eigenen Ressourcen im Großen betrachtet nicht zu dem, was man sich davon erhoffen könnte.

Ressourcen gehören in den Bereich der Bodenschätze, in Ihnen haben die nichts verloren.

9 Mount Everest in Liliput

So hoch wie der Mount Everest ist der Anspruch von Menschen, die ausbrennen. Dieser Anspruch besteht vorrangig sich selbst gegenüber, nicht unbedingt dem Beruf oder dem Privatleben gegenüber. Wenn ein dermaßen überhöhter Selbstanspruch auf einen deutlich unterrepräsentierten Selbstwert trifft (der sich in einem Land wie Liliput zu Hause fühlte), wächst die Chance des Ausgebranntseins.

Wissen allein führt meistens zu keiner Verhaltensänderung – das ist einer der Gründe für das Entstehen einer Krise: Erst wenn es wehtut, also gefühlt wird, sind Menschen zu Änderungen ihres Lebens bereit, sonst eher nicht. Sogar ein Schmerz führt nicht unbedingt zu Verhaltensänderungen, wie nicht wenige Patienten mit einem frischen Herzinfarkt beweisen, die noch auf der Intensivstation nach einer Zigarette fragen.

Burnout folgt einer *gegen* das eigene Selbst gerichteten Situation. Diese gegen sich selbst gerichtete Handlung und Einstellung korreliert mit einem Mangel an Anerkennung von anderen und von sich selbst. Burnout hat mit Ihrem Verhältnis zu sich selbst zu tun und mit der Wahrnehmung davon. Wer sich selbst würdigt, nimmt sich und seine Gefühle rechtzeitig wahr und verfügt meistens auch über ein ausreichendes Selbstwertgefühl. Burnout ist somit auch Folge eines Verrats an sich selbst.

Vereinfacht kann man sagen, dass erst fehlendes Selbstmanagement zum Ausgebranntsein führt, ansonsten würden rechtzeitig notwendige Steuerungen ergriffen. Zu einem wirkungsvollen Selbstmanagement gehören als

Basis realistische Vorstellungen, die wiederum mit Selbstehrlichkeit und dem Willen, etwas zu verändern, einhergehen sollten. Wer die Beobachtung macht, etwas in seinem Sinne verändern zu können, schöpft daraus die Kraft zu noch mehr Handlungen; so kommt ein sich selbst verstärkender Mechanismus in Gang. Hapert es jedoch an der Selbstehrlichkeit, fehlen meist sowohl realitätsbezogene Vorstellungen von dem, was die Erschöpfung gemacht hat, und ebenso realitätsnahe Ideen, was wie geändert gehört.

Ein Problem von Selbstwahrnehmung kann sein, dass die Wahrheit anders ist, als Sie diese wahrnehmen. Das, was Sie – selbst nach professioneller Führung – als Sie selbst wahrnehmen, ist nur ein überaus eingeschränkter Teil eines viel Größeren. Jeder Selbstwahrnehmung hängt somit der Charakter der Fokussierung und damit der Beschränkung an. Sich selbst in weiten Teilen zu verstehen, und nichts anderes ist Wahrnehmung, ist allenfalls nach und nach möglich, in Jahren oder Jahrzehnten. Dennoch lässt sich der Irrglaube, man könne sich selbst durch einen Wochenendkurs in welcher Spezialität auch immer, wirklich nahe kommen, nicht ausrotten.

Buchen Sie einen möglichst erfolgversprechenden Wochenendkurs, damit Sie endlich und wirkungsvoll glauben, zu sich selbst gefunden zu haben.

Wo die größte Liebe hingehört

Mit der Liebe ist es weniger kompliziert, als ihr Ruf vermuten lässt: Man muss sie nicht suchen, sondern geben, sie zeigen, sich so verhalten, dass man selbst liebenswert(er) wird. Es geht bei Liebe darum, die oder der Richtige zu sein. Dann findet man auch die oder den Richtigen.

Mit Selbstliebe ist es ebenso. Man braucht sich selbst gegenüber „einfach nur lieb“ zu sein. Aber wie tut man das? Wesentlich ist, die Bewertungen sich selbst gegenüber zu unterlassen, die eigenen Grenzen zu wahren – hierher gehören auch Gewichtsgrenzen und Grenzen der Zufuhr von Dingen mit Suchtpotenzial wie Alkohol, Nikotin, Tabletten, aber auch Internet- und Spielekonsum. Den eigenen Körper wertzuschätzen bedeutet, ihm zwei- oder dreimal in der Woche 30 Minuten wirkliche Bewegung zu schenken, gern auch mehr, aber nicht so viel, dass man als Sportaholic endet. Neben dem eher passiven Wahren von Grenzen gibt es eine Vielzahl von Verhaltensweisen, mit welchen wir uns selbst Zuneigung schenken: Veranstaltungen besuchen, die uns erfreuen und interessieren, ein Hobby ausüben, dem Körper Pflege wie Massagen oder Sauna zuteilwerden lassen, den Geist mit einem guten Film oder Buch aktivieren, erfüllende Musik oder Kunst genießen, Menschen treffen, die einem etwas bedeuten, und auch nichts tun.

Selbstliebe bedeutet die spontane und sichere Bejahung von einem selbst. Das bedeutet keineswegs, sich alles durchgehen zu lassen, im Gegenteil: Auch Selbstliebe erfordert keine Bedingungslosigkeit, sondern Bedingungsarmut – und die Bedingungen sind zu erfüllen, welche Körper und Seele das geben, was sie brauchen. Die zentrale Frage lautet also: Verhalte ich mich mir selbst gegenüber liebenswert? Dazu gehört, sich den eigenen Gefühlen und Wahrnehmungen ohne Wenn und Aber stellen zu können. Dazu gehört auch, Anteil an sich selbst zu nehmen, sich selbst gegenüber zärtlich zu sein, sich zu schätzen, seine Werte zu kennen und sich nach diesen zu richten. So wird Selbstliebe zu einem voll entfalteten Selbstbewusstsein, das von Bestätigungen, die von außen kommen, weitgehend unabhängig ist.

Wer sich selbst liebt, setzt alles daran, mit anderen in gute Beziehungen zu treten. Selbstliebe hat nichts mit Narzissmus und auch nichts mit Egozentrik zu tun. Damit braucht Selbstliebe eine gewisse Reife und diese ist manchen wahrscheinlich erst nach ihrem Ausgebranntsein möglich – der Sinn dieser Krise liegt recht häufig zumindest auch darin, zu beginnen, sich dem wichtigsten Menschen in seinem Leben, liebevoll zu nähern, sich selbst. Man kann unter diesem Gesichtspunkt Burnout als Chance bezeichnen, welche von Ablenkungen weglenkt hin zum Wesentlichen, zu sich selbst.

Sich selbst zu lieben, ist eine Schande. Das kommt für Sie nicht in Betracht.

Weil Sie es sich wert sind

Je ausgebrannter sich der Mensch fühlt, umso weniger wert fühlt er sich, je weniger wert er sich fühlt, umso leichter erschöpft er: Dies ist ein klassischer Circulus vitiosus. Es wäre so einfach: Wer sich selbst wirklich wertschätzt, achtet und beachtet sich und seine Bedürfnisse, und schon hat es Burnout erheblich schwerer.

Selbstwert setzt sich aus Selbstwirksamkeit und Selbstachtung zusammen, was auf der Erfahrung ruht, dass das, was man beginnt, auch Wirkung zeigt. Wie man an der Tatsache, dass jede zweite heute geschlossene Ehe wieder geschieden wird, unschwer erkennt, ist bei dieser Wahl die Wirkung in zumindest 50 % nicht die, von der man beim Jawort ausging; so ist das Leben. Außerdem, wie soll man sich selbst achten, wenn man ausbrennt? Da kommen einem Formulierungen aus Ratgebern wie „Ich werde mein Leben meistern“ oder „Ich bin es wert, glücklich zu sein“ deplatziert vor. Seien Sie wirklich ehrlich, was soll an Ihnen schon etwas wert sein?

Überhaupt, wie soll das gehen, sich selbst mit all den Fehlern, Unzulänglichkeiten, Macken, Schwächen, Lücken wertzuschätzen? Sich eben so, wie man ist, anzunehmen – überhaupt nicht vollkommen. Wer dann noch davon schreibt (Bergner 2010a), genau das mache einen Menschen wundervoll, sollte seinen Urteilssinn fremdkontrollieren lassen.

Ein Entschluss für mehr Selbstwert lautet: „Ich bin in einem freundlichen und liebevollen Verhältnis zu mir selbst. Ich bin für mich da“. Aber das bedeutete eben auch, dass Sie zutiefst davon überzeugt sein können, es wert zu sein, geliebt zu werden, erfolgreich zu sein, ein zufriedenes Leben zu führen, so angenommen zu sein, wie Sie sind. Und das fällt manchen schwerer als man vermuten mag.

Der Selbstwert hängt damit zusammen, was man *sich selbst* wert ist. Deshalb gelingt es nicht, etwas Äußeres zur echten und bleibenden Steigerung des Selbstwerts zu missbrauchen. Etwas Äußeres sind z. B. Titel oder die Arbeit als solche. Das Vermögen, sich selbst wertzuschätzen, sinkt, je stärker Sie sich nach außen ausrichten. Wer Äußerlichkeiten benötigt, um sich vorzugaukeln, sich selbst nun mehr Wert zu sein, hat ein typisches kindliches Muster nicht abgelegt, das Muster, Liebe für Leistung oder deren Ertrag zu bekommen.

Werte haben mit Geld zu tun, Selbstwert auch.

Niemals jemandem vertrauen, der einem nah ist

Misstrauen entsteht meistens dann, wenn ein Mensch zu wenig Selbstvertrauen hat, denn wer sich selbst nicht vertraut, hat auch große Probleme, den anderen zu vertrauen. Sein vermeintlicher Vorteil ist, von sich selbst nicht enttäuscht werden zu können, denn er erwartet nichts oder nicht genug von sich selbst.

Zwar ist Misstrauen nicht der direkte Gegenspieler von Vertrauen (das wären der Irrtum und die Hoffnungslosigkeit), dennoch hängt Misstrauen eng mit Vertrauen zusammen. Die Erfahrung zeigt, je schwächer das Selbstvertrauen ist, umso stärker wird von anderen versucht, Einfluss auf den sich selbst nicht trauenden Menschen zu nehmen. Das geht hin bis zum Mobbing.

Wer nicht alles könnte einem an den Karren fahren? Deshalb ist grundsätzlich Misstrauen in die Welt und insbesondere in jeden, der einem begegnet, auch überaus angebracht. Besser hundertmal vergeblich misstraut als einmal reingelegt worden. Gewiss, diese Einstellung kann zu einer Form von Vereinsamung führen, auch lebt es sich in dieser Hab-Acht-Stellung nicht wirklich kommod, aber sei's drum.

Sich selbst zu vertrauen muss in Enttäuschung münden – eine gesunde Portion Misstrauen sich selbst gegenüber ist normal und nötig.

Wer erschöpft ist und fühlt, wie sein Handlungsspektrum zunehmend schrumpft, hat ein deutliches Indiz dafür, sich selbst nicht richtig zu vertrauen. Wer anderen vertraut, ermöglicht ihnen einen deutlich erweiterten Handlungs- und Entscheidungsraum – und dasselbe gilt, wenn Sie sich selbst vertrauen: Damit schaffen Sie sich markant mehr und auch bessere Möglichkeiten. Selbstvertrauen bietet somit einen inneren Mechanismus, flexibel auf Herausforderungen zu reagieren.

Selbstvertrauen entwickelt sich am ursprünglichen Erleben des ersten Vertrauens und das ist jenes der zentralen Bezugsperson im ersten Lebensjahr gegenüber; in der Regel ist dies die Mutter – es kann aber jede erwachsene „Figur“ sein. Wer erlebt, einem Menschen vertrauen zu können, lernt zeitgleich, welche Kraft im Vertrauen steckt; genau dieses Vertrauen erarbeitet man sich in der Kindheit und Jugendzeit dann sich selbst gegenüber. Das Urvertrauen der zentralen Bezugsperson gegenüber ist eine entscheidende Komponente für eine seelisch stabile, erwachsene Persönlichkeit. Nun kennen Sie manches von Ihrer eigenen Kindheit und können entscheiden, ob Sie dieses Urvertrauen aufbauen konnten oder eher nicht. Als Erwachsener spiegelt sich das Urvertrauen im Kohärenzgefühl (Kap. 5).

Wer als Erwachsener sein Urvertrauen stärken will, hat die mühsame Chance, sich dies geistig zu erarbeiten und die vielleicht etwas weniger mühsame Möglichkeit, durch Körperertüchtigung, durch ausgewogene Ernährung, durch den Verzicht auf Suchtmittel sich zumindest auf dieser somatischen Ebene eine Säule aufzubauen, der Sie vertrauen können, Ihrem Körper.

Die Universalversicherung

Im Leben gibt es keine Sicherheit – das ist eine Illusion, mit der richtig viel Geld verdient wird. Das Einzige, was sicher ist, ist der Eintritt des individuellen Todes, aber selbst dessen Zeitpunkt ist alles andere als klar. Deshalb gibt es scheinbare Sicherheiten, aber davon richtig viele. Dass Renteneinzahlungen hierher gehören oder die Datensicherung beim Computer, wird Ihnen sofort einfallen. Aber es gibt weniger offenkundige Scheinsicherheiten, die dennoch überaus beliebt sind wie Vitaminpräparate, Alarmanlagen, Geld, Heirat, Tempolimits, Blutdruckmessgeräte, Fitnesstrainings, Religion, Virusschutzprogramme, Impfungen, Handys, TÜV, Ersatzreifen oder Beratungen. Wovor diese Scheinsicherheiten in der Regel schützen sollen, ist der Tod im leiblichen oder wirtschaftlichen Sinn. Da wird rasch klar, warum es nur Scheinsicherheiten sind. Diese sind notwendig, um uns abzulenken und das ansonsten verstärkt auftretende Gefühl von Angst zu dämpfen, bestenfalls zu unterbinden. Aber Angst lässt sich nicht einfach so ablegen, weil sie grundsätzlich überlebensnotwendig ist. Wenn Sie sie verdrängen, kommt sie an anderer Stelle wieder hervor.

Was Scheinsicherheiten verhindern können, ist Eigenverantwortung. Unter diesem Gesichtspunkt *vermindern* sie das Gefühl, eigenbestimmt zu handeln, was der Grundkonstellation „Esel“ (Kap. 4) Tür und Tor öffnet. Wer auf diese Weise Sicherheiten sucht, sucht sie im Außen, wirkliche Sicherheit basiert jedoch auf der Sicherheit sich selbst gegenüber: Je sicherer man sich selbst ist, umso weniger interessieren einen Scheinsicherheiten, was nicht bedeutet, auf notwendige Absicherungen wie vor Berufsunfähigkeit oder für das eigene Alter zu verzichten. Diese bieten im Eintrittsfall auch keine Scheinsicherheiten, sondern echte, außer eine Inflation zerstört alles.

Schließen Sie möglichst viele Versicherungen ab, man kann nicht genug davon haben.

Abwertungen sich selbst gegenüber verhindern wirkungsvoll, nicht zu sich selbst zu kommen. Wer bei sich angekommen ist, kann sich lieben, zumindest würdigen und wertschätzen. Eine gewisse Milde sich selbst und anderen gegenüber (Frick 2011) ist sinnvoll, um Kraft schöpfen zu können. Das bedeutet keine Naivität.

Viele suchen an vollkommen falschen Orten nach ihrer persönlichen Exzellenz: Dabei ist gerade die Authentizität, so zu sein, wie man ist, mit allen Fehlern, ein Garant dafür, geschätzt und auch geliebt zu werden. Viele Menschen haben wundervolle Potenziale in sich, sie sind wie ein Scheinwerfer, der weite Bereiche ihrer Welt erhellen könnte, fühlen sich jedoch als Glühwürmchen, das vor Schrecken über die vermeintlichen eigenen Minderwertigkeiten sogar vergessen hat, wie es sein Lichtlein zum Leuchten bringt. Je weiter die jedem Menschen mögliche, sehr individuelle Schönheit vergessen wird, umso stärker wird das Gefühl des Unglücklichseins vom Gefühl der Unzufriedenheit abgelöst oder übertönt. Jedem sind bestimmte Interessen oder Fähigkeit in die Wiege gelegt. Wehe, wenn diese nicht genügend umgesetzt werden (können), weil man an sich selbst unpassende Forderungen stellt und versucht, diese zu erfüllen. Es ist eine wesentliche Aufgabe der Menschwerdung, *mit* sich, *mit* seiner Persönlichkeit und nicht gegen sich zu leben.

Vergleichen kann man die Persönlichkeit mit einem Tiefseetauchgang – das meiste bleibt im Dunkel und lässt sich nicht verändern: der Druck im Wasser, die Strömungen, die Temperatur, was Ihnen so entgegenkommt und was nicht, die Beschaffenheit der Felsen oder ihr Fehlen. Sie müssen das alles akzeptieren wie es ist, jedoch können Sie lernen, mit all dem effektiver umzugehen, sich selbst zu vertrauen und sich immer leichter darin zu bewegen, um das Beste herauszuholen, so wie es eben ist. Das tun Menschen, die charismatisch und authentisch erscheinen, mehr nicht – und doch ist es vielen so schwer. In der Tat ist es auch so, dass viele erheblich mehr Geschick darin haben, ihre tatsächlichen Talente zu verbergen und ihre eigenen Schwierigkeiten zu steigern. Dabei geht es vorrangig darum, zu erkennen, welche Fähigkeiten, Einstellungen, Ressourcen längst da sind, sie auszugraben und für sich selbst zu nutzen. Aber halt, das wäre ein Hemmschuh für das Ausbrennen und darum geht es hier nicht.

Konzentrieren Sie sich auf das, was Sie nicht können.

Sich selbst Fallen stellen

Warum in den Niederungen verweilen? Auf dem Berg ist die Sicht doch so viel besser, oder? Das Anspruchsniveau seinen eigenen Leistungen gegenüber ist ein wesentlicher Marker für das Risiko, Burnout zu bekommen. Da werden Ziele gesetzt, die nur im besten Fall erreichbar sind, am gesellschaftlichen Status sollte ohnehin niemand rütteln. Meist ist es mühsam, ein hohes Anspruchsniveau aufrechtzuhalten. Spätestens, wenn sich ein zunächst auf einen Bereich wie den beruflichen Erfolg beschränkter Anspruch erweitert und mehr und mehr Bereiche des Lebens einbezieht, wird es zäh und mühsam. Diese Ausdehnungsneigung geht oftmals rasch und erfasst viele Menschen. Genügt in der Ausbildung zunächst ein Zimmer in der WG, muss es dann rasch eine ganze Wohnung sein, kaum ist eine weitere Stufe der Karriereleiter erklommen, denkt man an eine Eigentumswohnung oder an ein Haus, zumindest sollte doch eine bessere Wohnlage her. Dieses Prinzip, sich immer am besseren, was bedeutet, teureren Materiellen nach oben zu hangeln, kostet Kraft und erschöpft – der Gewinn, sich selbst besser zu fühlen, den eigenen Wert an den Dingen auszurichten, ist von immer kurzer Dauer und verlangt nimmersatt stetig nach Steigerungen. Das Ende der Fahnenstange sind dann Konsumkredite, mit denen etwas vorab gekauft und später bezahlt wird – eine fatale Umkehr dessen, wie die Welt funktioniert: Im Fastfood-Lokal muss aus berechtigten Gründen das Essen auch unmittelbar und komplett bezahlt werden, sogar vor dem „Genuss".

Was etwas wert ist, kostet grundsätzlich viel. Sie haben sich das zu verdienen.

Privat- und Berufsleben bieten letztlich genügend Chancen für Selbstüberforderungsfallen. Dann wird es eng und enger, aber bis das Anspruchsniveau der eigenen Kraft angepasst wird, kann Burnout schon weit fortgeschritten sein. Jede Krise basiert auf einer Lüge, ein zur Person nicht adäquates Anspruchsniveau entspricht einer solchen.

Besonderes Anspruchsniveau haben manche auch in nicht materiellen Bereichen, zum Beispiel an das, was der Beruf ihnen bieten oder bringen möge: höchstes Ansehen, besondere Kontakte. Oder auch im Privatbereich, wenn nicht ein Partner gesucht wird, der ein Mensch ist, sondern ein Prinz oder eine Göttin. Wenn der Prinz dann das erste Mal rülpst, seine Unterwäsche drei Tage nicht wechselt oder die Göttin an Flatulenz leidet oder das Zähneputzen weniger genau nimmt, kommt die Ernüchterung. Wer Pech hat, den trifft es erst nach der Eheschließung.

Sie sind wert, was Sie leisten

„Seelische Störungen? Aber ich doch nicht! Ist was für Weicheier! Ich bin wert, was ich leiste." Solche und ähnliche Inhalte sind typisch für Menschen, die sich über ihre Leistungen definieren. Je mehr sie schaffen, umso eher können sie sich akzeptieren. „Ich bin mein Beruf" oder „Ich bin nur, weil ich meinen Beruf habe."

Das hat mit Selbstachtung nichts zu tun, im Gegenteil: Je stärker diese Einstellung wirkt, umso dramatischer wird eine Erschöpfungsreaktion empfunden, weil sie einem zeigt, dass der Versuch des sich selbst Haltens mittels Beruf nicht mehr funktioniert. Die Achtung sich selbst gegenüber, ohnehin längst auf tönernen Füßen, stürzt ab ins Bodenlose.

Wer sich über Leistungen definiert, negiert in aller Regel zugleich, selbst Bedürfnisse zu haben, die mit seinen Leistungen nichts zu tun haben, wie Sehnsucht nach Nähe und Zärtlichkeit, Ruhe, Anerkennung einfach dafür, dass es einen gibt, Liebe von Menschen, die sich nach einem sehnen, kein Stress, keine Arbeit, kein Heischen nach Status. All das und vieles mehr sind menschliche Bedürfnisse, die jeder hat, der eine mehr, der andere weniger, aber keiner hat sie gar nicht. Wer nur auf seinen „Output" achtet, nur nach Ergebnissen giert, nimmt sich selbst nicht ernst. Er – oder sie – hat einen überaus eingeschränkten Horizont in Bezug zu sich selbst. Man könnte zynisch schreiben: So einem tut es auch gut, auszubrennen, vielleicht beginnt er dann, sich mehr und ernsthafter mit sich selbst und den eigenen Wünschen, Bedürfnissen, Begierden und dem eigenen, echten Verlangen zu befassen.

Wer stark ist, bekommt keinen Psychokram.

Selbstwert aufbauen – gemeinsam jammern

Selbsthilfegruppen sind grundsätzlich etwas Gutes und haben in vielen Bereichen ihre Berechtigung – aber in allen? Ist die Teilnahme an Selbsthilfegruppen bei Burnout unbedingt empfehlenswert? Seelische Erkrankungen haben ein gewisses Risiko der Ansteckung; beispielsweise kann die Hoffnungslosigkeit eines Depressiven abfärben. Und wer die quälenden Erinnerungen eines anderen im Detail hört, wird wahrscheinlich an das eine oder andere wenige Gute der eigenen Vergangenheit erinnert werden. Seelische Probleme durch die Begleitung und Konfrontation mit therapeutisch unzureichend ausgebildeten Menschen zu lösen, ist mutig. Genau das sollte Sie daran reizen, Sie sind ja kein Schluffi. Sie werden Menschen mit ähnlichen Problemen wie den eigenen treffen, die im Moment ebenfalls ihre Probleme nicht lösen können, sonst wären sie wahrscheinlich nicht mehr in der Gruppe. Da liegt es doch nahe, dass Sie interessante Diskussionen über Ihr eigenes Burnout erwarten können. Das bisschen Voyeurismus kann nicht schaden, bei Gruppentherapie klappt das ja auch.

Suchen Sie sich eine Selbsthilfegruppe. Wenn es keine gibt, gründen Sie eine.

10 Wenn die Wachtel vom Flug des Adlers träumt

Einstellungen und Verhalten sind einander nahe – aus einer bestimmten Haltung kann nur ein bestimmtes Spektrum an Taten folgen. Es gibt Einstellungen, welche mit erheblich höherer Wahrscheinlichkeit Probleme im Leben machen, wie den eigenen Beruf zu sehr zu hinterfragen und auch Verhaltensweisen wie das Streben nach Perfektion. Sie zeigen, dieser Mensch träumt davon, als Adler zu enden, statt auf dem Boden des Möglichen zu bleiben.

Holger

Denken Sie an Holger, der hatte schon immer Probleme mit Menschen aus dem Ausland. Holger kommt in eine bedrohliche Notsituation, aus der ihm mit zugewandter Freundlichkeit ein Türke hilft oder eine Spanierin oder ein Vietnamese. Holgers Einstellung bröckelt schon etwas. Dann entscheidet er sich, seinen Lebensretter aufzusuchen, um mit einem Geschenk danke zu sagen. Der Beschenkte ist vollkommen überrascht und freut sich überaus, Holger wird sofort in die Wohnung gebeten und nimmt an einem üppigen, sehr warmherzigen Familienmahl teil. Schon vorher, aber jetzt unumstößlich ist Holgers Einstellung, die auch Haltung genannt werden kann, komplett anders.

Einstellungen lassen sich in kürzester Zeit ändern. Das gilt übrigens auch für die Bewertung von Burnout. Sobald sich eine Einstellung geändert hat, ist es leichter möglich, sich völlig anders als bisher zu verhalten. Haltungsänderungen gehen oftmals Verhaltensänderungen voraus und – Sie kennen das inzwischen – da ein und dasselbe Verhalten niemals zu neuen Ergebnissen führen kann, sind veränderte Handlungen oftmals für Fortschritte wesentlich.

Es spricht für persönliche Stärke, an einer einmal erworbenen Einstellung gnadenlos festzuhalten.

Es gibt einige effektiv erschöpfende Einstellungen:

Unersetzbarkeit

Wer sich selbst für unersetzlich hält oder alles tut, damit er es wird, will seine Ersetzbarkeit nicht erleben müssen. Es ist wenig erfreulich, erleben zu müssen, dass man selbst ersetzbar ist. Es könnte einem wahrscheinlich fast gleich sein, wenn man sich selbst wertschätzen und lieben würde, denn für Menschen, denen man nahe ist, ist man eben doch unersetzbar.

Kompromisslosigkeit

Keine Kompromisse! Wofür auch? Kompromisse sind was für Luschen, für Menschen, die kein klares Ziel verfolgen.

Fehlerfixierung

Sabrina

Sie kennen Sabrina und ihre 82-jährige Mutter bereits vom Golfspielen. Die Geschichte ging noch ein wenig weiter. Ihre Mutter war offenbar sehr frustriert, weil Sabrina Golfspielen weiter Spaß machte und sie sich noch nicht einmal unter den so „bewährten" Leistungsdruck setzen ließ. Eine Unverschämtheit nach fast 50 Jahren steter Arbeit der Mutter daran. Das konnte die gute, alte Dame nicht einfach so hinnehmen. Wenige Tage später witterte sie ihre Chance: Sabrina bekam in ihrer Wohnung zwei neue Dachfenster von dem Schreiner eingesetzt, der einige Zeit zuvor den Boden verlegt hatte. Ihre Mutter rief am Abend an und fragte: „Und, wie sind die Fenster?" „Toll, Mama." „Wirklich? Gefallen Sie Dir wirklich?" „Ja." Pause, ungläubiges Nachfragen: „Und warum?" „Weil es so viel heller ist, gerade im Treppenhaus." Wieder Pause, dann der erste Triumpf: „Warte auf den Winter, wenn Schnee draufliegt, ist es so dunkel wie bisher." Sabrina reagierte nicht. Frust bei der Mutter. Sabrina meinte, das Rotieren im Gehirn ihrer Mutter durchs Telefon zu hören. Diese erinnerte sich daran, dass im verlegten Fußboden wegen eines kleinen Wasserschadens ein Stück ausgetauscht gehört. Da die Haftpflichtfrage noch nicht geklärt war, konnte diese Arbeit bisher nicht beauftragt werden, aber wen interessiert das schon? Mutter nicht. Ihr eben eingeleiteter Schnee-Triumpf findet einen krönenden Abschluss: „Hat der Schreiner wenigstens den Boden gerichtet?"

Was hindert Sie daran, nach Ihrem Gusto das Thema zu wechseln? Kreativität siegt! Das wusste schon Adenauer, der sagte, sein Geschwätz von gestern interessiere ihn heute nicht mehr. Die Zeiten sind moderner: Was interessiert Sie Ihr Interesse von gerade eben? Sie sind wenigstens fähig, auch im Sekundentakt umzudisponieren. Deshalb brauchen Sie sich nicht gestresst zu fühlen. Mit ein wenig Übung kann jeder Meister darin werden, das weniger Gute wahrzunehmen und den Blick auf das Gute dabei aufzugeben. Fehlerfixierung nennt sich das dann.

Es ist Ihre Aufgabe, sich auf mögliche Fehler zu konzentrieren und diese lautstark anzuprangern.

Positives Denken

Es gibt einige weitere Chancen, dem Burnout Tür und Tor zu öffnen – paradoxerweise heißt eine Positives Denken. Denn die Lebenserfahrung praktisch aller Menschen zeigt ja, dass sie einfach durch ihre Gedanken, dadurch, immer das Positive in etwas zu sehen, bereits praktisch geheilt sind. Deswegen gibt es längst nichts Negatives mehr auf der Erde (Fortsetzung der Märchenstunde in Kap. 13).

Idealismus

Idealismus ist etwas fürs Privatleben, im Beruf hat er nichts verloren. Einen Beruf sollte man fachlich kompetent mit gutem Engagement und zumindest grundsätzlich mit Freude an den Inhalten ausüben. Punkt. Aus. Wer im Berufsleben beginnt, seinen Idealismus hochleben zu lassen, kann sich freuen, seine Erschöpfung wird genährt. Idealismus ist für eine gewisse Zeit nur für einen ideal, für den Arbeitgeber, und wer schon immer ein großes Herz hatte, sollte dies seinem Chef schenken, wer sonst hätte es verdient? Vielleicht mögen Sie nun denken, aber halt, zumindest als Pfarrer, Arzt oder Lehrer sollte der Beruf doch mit einem gewissen Idealismus ausgeübt werden. Sie können sich selbst die Frage stellen und beantworten, warum eigentlich, und ob es nicht viel besser wäre, ihn mit großer Empathie und Mitmenschlichkeit auszugestalten, möglicherweise sogar mit Begeisterung, weil so keine Herabstufung des Patienten, Kunden, Schülers oder Gemeindegliedes erfolgt. Das Problem ist, Idealismus wird als ehrlich empfunden, ist er aber nicht. Es handelt sich um eine Störung, bei der man meint, die eigene Macht ungefragt und maßlos in Form von Hilfe anderen aufdrücken zu müssen. Viel mehr steckt nicht dahinter.

Wählen Sie ein Unternehmen, das Mitarbeiter will, die auch mal 190 Prozent leisten. Und wenn Sie selbstständig sind, sollte das ohnehin Ihr unterstes Limit sein.

Omnipotenz

Es gibt wenige Berufe, die realistischen Anlass für Allmachtansprüche bieten. Von einem berichtet folgende Geschichte:

Gerlinde

Gerlinde ist die Leiterin einer Pflegestation im Altenheim „Ruhe bald sanft". Sie hat alles voll im Griff, will unbedingt die bestgeführte Station weit und breit führen, will unbedingt, dass die Insassen sich genau an den Tagesablauf halten, will unbedingt, dass die Mitarbeiter nach genau vorgegebenen Plänen ihre Pflege betreiben. Wenn es mal wieder gut geklappt hat, ist Gerlinde am Abend voll und ganz befriedigt. Das meint, ihr Allmachtanspruch wurde erfüllt.

Dieser Anspruch kann längere Zeit erstrebt und auch erfüllt werden, sein Problem ist die Unbedingtheit. Denn die Idee, die dahintersteckt, lautet: „Ich kann alles tatsächlich selbst beeinflussen." Das ist immer ein Trugschluss, der eigene Einfluss hört immer da auf, wo der von anderen beginnt oder der des „Schicksals", „Zufalls", wie diese Instanz auch immer bezeichnet wird. Es tut Gerlinde dennoch gut, sich Tag für Tag diesem auf Scheuklappenvorstellung basierenden Gefühl hinzugeben. Dieser Allmachtanspruch unterdrückt zunächst die eine Burnout-Grundkonstellation „Esel" (Kap. 4), denn er gaukelt einen hohen Eigeneinfluss vor. Aber wehe, andere zeigen einem, welchen Einfluss sie haben – schon bricht das Ganze wie ein Kartenhaus zusammen.

Sie haben noch mehr von Ihrer Macht, wenn Sie diese effektiver ausspielen. Voran!

Perfektionismus

Die meisten werden beim Perfektionisten an einen Menschen denken, der sich detailversessen mit etwas beschäftigt und alles bestmöglich machen möchte. Der Effekt dieser Art zu Handeln ist oftmals, nicht zum Ende zu kommen. Perfektionisten zeichnen sich am ehesten genau dadurch aus, nicht fertig zu werden, weil es eben noch nicht perfekt ist. Perfektionismus ist das Gegenteil von Vollständigkeit. Wer perfekt sein will, kann oder möchte Erreichbares nicht von nicht Erreichbarem unterscheiden, zeigt somit eine gewisse Realitätsverleugnung. Bei diesem Wort klingeln die Alarmglocken – die Lüge ist nah, eben jene wirkungsvolle Basis einer jeden Krise.

Nicht fertig zu werden bedeutet auf der Metaebene, nicht zu Tode zu kommen. Der Perfektionist versucht somit über sein Verhalten, sich seinen Tod und den Tod allgemein fernzuhalten. Selbst unter dem Aspekt, dass ein Perfektionist oftmals etwas so gut wie nur irgend möglich machen möchte, damit er scheinbar unangreifbar wird, geht es um die Angst. Das Unangreifbare der Handlungsergebnisse von Perfektionisten lullt diese ein, gaukelt ihnen vor, unverletzlich zu sein, sozusagen immer wohlbehalten leben zu können.

Aber in der Realität setzt alles Menschliche, das nie perfekt ist, und das viele Unvorhersehbare, das unser Leben berührt, dem Streben nach Perfektion ein oftmals jähes Ende. Da der Perfektionist etwas kontrollieren möchte, was kein Mensch wirklich kontrollieren kann, konkret die Macht von Einflüssen wie dem Tod, erschöpft er sich mehr und mehr. Es gibt viel mehr Menschen, Dinge, Situationen und Abläufe, die Sie *nicht* kontrollieren können, als solche, die Sie im Griff behalten.

Was ist Realität? Die altbekannte Pareto-Regel zeigt, wo es langgeht: Mit etwa 20 % Ihres Einsatzes können Sie ca. 80 % der maximal möglichen Leistung erreichen. Für die noch fehlenden 20 % zum „Perfekten“ benötigen Sie dann aber 80 % Ihrer Zeit und Kraft, was einer Versechzehnfachung der notwendigen Energie entspricht; ein wesentlicher Beitrag zur Erschöpfung.

Gut genügt nicht, besser auch nicht, bestens ab und zu, in der Regel muss es perfekt sein.

Der Beruf – Ursache allen Übels

Sie kennen wahrscheinlich Hochzeitslisten, das sind Geschenke nach Plan. Welchen Eindruck machen diese Gaben zutiefst? Sie nur deshalb erhalten zu haben, weil sie auf der Liste stehen. Auf den Beruf angewendet bedeutet das: Wenn der Beruf Ihnen das bietet, was Sie sich vorher ausgemalt haben, dann, weil dies eben zu diesem Beruf gehört. Nur wenn er Ihnen anderes, unerwartet Gutes brächte, wären Sie positiv angetan. Aber wehe, er bringt noch weniger als angedacht oder anderes, als Sie sich ersehnten, dann ist die Enttäuschung vorprogrammiert.

Ein wesentlicher Grund mehr, sich nicht um die positiven Seiten des Berufs zu kümmern, sondern wirkliche Konsequenz zu beweisen: „Was nicht besser ist als erwünscht, ist nichts wert und deshalb muss ich erschöpfen“ – ist doch logisch.

Seinen Beruf zu lieben, kann spontan möglich sein. Ihn nicht mehr zu lieben, geht ebenso einfach: Schlicht hinterfragen, warum Sie gerade diesen, eigentlich unmöglichen Beruf, ergriffen haben und was das so Tolle daran ist. Immer mehr nachbohren, um sich Klarheit zu verschaffen, beseitigt als Erstes das Mysterium, was eben auch mit der Berufswahl, -findung und -ergreifung einhergeht. Gehen Sie ans Eingemachte: Wenn Sie den Beruf intensiv hinterfragen, werden sich mehr und mehr Fragezeichen auftun. Spontan fällt wohl niemandem ein Beruf ein, der erhaben über allem steht. Mir fällt dabei die Mutter meines besten Freundes ein, eines Zahnarztes, die vor 30 Jahren auf die Frage meiner eigenen Mutter, ob ihr Sohn denn mit der Berufswahl zufrieden sei, weil man da ja immer in den Mündern anderer Menschen herummachen müsse, treffend antwortete: „Na, überlegen Sie mal, wo Proktologen und Gynäkologen ihre Finger drin haben." Die Einstellung dieser Frau ist absolut kontraproduktiv, was Burnout angeht – und so hat ihr Sohn bis heute keines entwickelt.

Schauen Sie sich nun auch wirklich genau um: Wer außer Ihnen betreibt Ihren Beruf? Sind die Typen wirklich astrein? Oder offenbaren sich bei denen nicht doch einige, bisher nicht gesehene Details, die den Beruf im Gesamten überdenkenswert erscheinen lassen? Manchmal muss der Kreativität ein kleiner Stups gegeben werden: Es muss doch irgendetwas geben, das Ihnen nicht passt. Wenn Sie so gar nicht weiterkommen, hilft eine Frage:

Wie kann ein Beruf so dämlich sein, zu mir zu passen?

11 Geht nicht? Gibt's nicht!

Was alles können Sie ändern? Ihre Persönlichkeit, natürlich, deshalb gibt es ja so viele Bücher zur Persönlichkeitsentwicklung. Haben Sie sich schon einmal gefragt, warum der Markt dieser Bücher seit zig Jahren so boomt, warum ihnen ein nicht endender Siegeszug beschert ist? Weil sie so gut wirken? Weil das, was Sie darin lesen können, Ihre Persönlichkeit wirklich ändert? Oder könnte es so sein, dass sich unsere Persönlichkeit nur überaus mühsam, langsam und in fast unmerklichen Schritten ändern kann – weil sie genau das ist, was unsere Individualität ausmacht?

Aus Max den Moritz machen

Wenn Sie Ihre Persönlichkeit nicht ändern können, dann doch wenigstens Ihr Verhalten.

Harald

Harald fährt gern schnell, auch zu schnell. Pech aber auch, dass er immer einmal wieder dabei erwischt wird. Sein Punktekonto in Flensburg nähert sich der Grenze, bei der ein Test notwendig wird. Harald gelingt es dennoch nicht, seinen Gasfuß zu zügeln – schließlich muss er zum „Idiotentest". Bei Haralds Unfähigkeit, selbst unter dem Druck des drohenden Führerscheinentzugs sein Verhalten zu ändern, geht es weder um ein klassisches Suchtverhalten noch ist Haralds Autofahrerkunst von irgendeinem anderen abhängig als von ihm selbst: So schwer fallen Verhaltensänderungen.

Wie mag es sein, wenn Ihr Verhalten direkt und indirekt von anderen mit beeinflusst wird und wenn das Verhalten erheblich komplexer ist als Auto zu fahren? Mühsam, richtig mühsam. Und das wissen auch alle Verhaltensforscher, die davon ausgehen, dass es mindestens sechs Monate, im Regelfall ein bis drei Jahre dauert, bis sich ein neues Verhalten – wohlgemerkt bei steter Anwendung – wirklich so verfestigt hat, dass das vorherige Verhalten erfolgreich abgelöst wurde. Rückfallgefahr besteht dennoch lebenslang.

Zurück zur Persönlichkeit: Diese zu ändern ist also ein hehres und zugleich blödsinniges Ziel. Ein Vergleich mit dem Körper ist jedem nachvollziehbar: Wer als Mann zur Frau werden will oder als Frau zum Mann, gilt als psychisch auffällig, muss diverse Gutachten durchlaufen, ehe die dafür notwendigen Operationen auch bezahlt werden – und deren Ergebnis ist ein Hilfsmittel, mehr nicht. Das zu ändern, scheint also sehr aufwendig. Woher kommt nur die Idee, die Persönlichkeit, etwas, das im nicht materiellen Bereich angesiedelt ist, wäre leichter beeinflussbar? Natürlich ist das Gegenteil der Fall, weil noch immer keine Möglichkeiten bekannt sind, welche sicher und standardisierbar auf das einwirken können, was eben nicht materiell ist.

Die Persönlichkeit des Menschen ist nahezu konstant (Srivastava et al. 2003), Veränderungen finden nur äußerst langsam statt. Schlussfolgerung: So hart es sein mag, es ist äußerst sinnvoll, sich mit sich selbst zu arrangieren so, wie man ist. Ändern wird man allenfalls Einstellungen und Verhalten, aber seine Persönlichkeit nicht.

Kaufen und lesen Sie möglichst viele Bücher zur Persönlichkeitsentwicklung und beachten Sie akribisch die darin enthaltenen Hinweise.

Alle Fünfe grade sein lassen

Selbst so etwas Komplexes wie die menschliche Persönlichkeit lässt sich in Schubladen einteilen. Eine der am häufigsten gebrauchte Einteilung sind die *Großen Fünf*. Der menschliche Charakter lässt sich definieren durch dessen

- Verträglichkeit,
- Gewissenhaftigkeit,
- Offenheit,
- Extraversion und
- Neurotizismus (vornehmer: die emotionale Labilität)

sowie deren Gegenteile. Diese Kategorisierung wurde letztlich willkürlich gewählt, dennoch hat sie sich durchgesetzt. Das ist wie mit den LKWs in Deutschland, deren Maximallänge von einem Politiker in den 1950er Jahren ebenso willkürlich am grünen Tisch definiert wurde – nur dass dieser Mann deshalb Morddrohungen von den Spediteuren bekam. Es ist nicht bekannt, ob den Persönlichkeitspsychologen ein ähnliches Schicksal zuteilwurde.

Vier der fünf Faktoren spielen für den Alltag keine zentrale Rolle, auch nicht für Burnout. Denn wie verträglich jemand ist, wozu Warmherzigkeit, Aufrichtigkeit, Kooperationswille, Wohlwollen und Hilfsbereitschaft gehören, hat keinen entscheidenden Einfluss auf sein Erschöpfungsrisiko. Das gilt auch für seine Gewissenhaftigkeit, welche vorrangig Verlässlichkeit meint, womit Inhalte wie Disziplin, Sorgfalt, Pflichtbewusstsein und Pünktlichkeit gemeint sind. Die Offenheit spiegelt die geistige Haltung, welche eingenommen wird – ist jemand eher neugierig und aufgeschlossen, wissbegierig und fantasievoll? Die Extraversion ist ausgeprägt bei Menschen, die als optimistisch, gesellig, lebhaft gelten würden. Dieser Faktor wurde sowohl als

Burnout fördernd wie Burnout hemmend bezeichnet. Auf ihn kann man sich also nicht verlassen.

Burnout ist weder ein unerklärlicher Schicksalsschlag noch entsteht es unabhängig von der individuellen Persönlichkeit. Es gibt keine Eigenschaft, welche Burnout sicher verhindert und keine, welche es sicher bewirkt. Trotzdem ist ein wesentlicher Faktor für Burnout die emotionale Labilität. Damit ist gemeint, wie unausgeglichen und seelisch instabil jemand ist.

Hektor

Hektor war schon in der Schule als Streber abgekanzelt worden. Sein Bedürfnis nach Erfolg wurde im Laufe der Zeit immer größer. Jedem Erfolg musste ein noch bedeutender draufgesetzt werden. Das strengte Hektor ziemlich an, aber es war ihm eben wichtig. Er kletterte entsprechend seinem Einsatz die Karriereleiter rasch hoch und wurde zur Führungskraft, nach einiger Zeit dem Vorstand direkt unterstellt. Im Vorstand hatte er einen Mentor, einen Menschen, der ihm wohlgesonnen war und der Hektor immer wieder einmal, auch vor versammelter Mannschaft, für seinen Einsatz lobte. Dann wurde der Vorstand in den Aufsichtsrat berufen und die regelmäßigen Bauchpinseleien hörten auf. Gar nicht gut für Hektor, dessen Selbstwertgefühl sich vorrangig an den Belobigungen nährte. Denn eigentlich war Hektor ein ganz kleiner Junge geblieben, der sich vom Lob und seinen eigenen Leistungen längst abhängig gemacht hatte. Seine Eltern beschrieben ihn früher immer als „labil“ und so ist er heute noch, denn Persönlichkeit ändert sich eben fast nicht.

Hektor fühlte sich zunehmend unwohl und traf eine wirklich schlechte Entscheidung. Da seine „Analyse“ der Situation (Sie erinnern sich: Die Lösungsversuche des Betroffenen unterhalten in der Regel das Problem) ergab, er müsse sich neuen Herausforderungen stellen, wechselte er in eine Position mit deutlich mehr

Personalverantwortung. Nun kam es nicht mehr auf seine ursprünglichen, fachlichen Qualifikationen an, sondern auf soziale und emotionale Kompetenzen. Aber gerade da haperte es bei Hektor. Seine Lösung passte einfach nicht zu seinen Problemen. Er fühlte sich rasch immer hilfloser und sehnte sich nach der Führung durch eine große Mama oder einen großen Papa, aber der Einzige, der diese Rolle hätte einnehmen können, saß ja bereits im Aufsichtsrat und hatte mit dem Tagesgeschäft nichts mehr zu tun. Hinzu kam, dass Hektor nun von Ängsten heimgesucht wurde, er überlegte sich laufend, was alles schief gehen könnte und wie sehr er doch belastet sei. Zudem gab er sich die Schuld an Unfähigkeiten all seiner Mitarbeiter, was ihn weiter schwächte.

Hektor ist ein emotional labiler, ein sensitiver Mann, leicht reizbar und auch leicht erschöpfbar. Solche Menschen sind bei zu vielen Gelegenheiten von sich und anderen enttäuscht, was bis zur Verbitterung allen und allem gegenüber führen kann. Ihre Gefühle beeinflussen zwar vieles in ihrem Leben, nur sind sie sich dessen nicht ausreichend bewusst. Sie meinen, zu Unrecht kritisiert zu werden und gieren nach Anerkennung. Sofern diese ausbleibt, fühlen sie sich missachtet, abgewertet oder beleidigt. Sie sind eher Einzelgänger und haben Angst, wegen vermeintlicher Schwächen angegriffen zu werden. Sie sind angespannt, ihr Leben ist mehr Pflicht als Kür. Sie wissen genau, was innere Verzweiflung bedeutet, grübeln gern und zu viel und sind rasch gestresst. Wenn sie dermaßen angespannt sind, befassen sie sich vorrangig mit sich selbst und ihrem Elend, statt nach funktionierenden Lösungen Ausschau zu halten. Spätestens dann werden Verlockungen angenommen, in Form von Süßem, Alkohol und anderem mehr. Das Problem ist, dass sie sich zutiefst diese Schwäche vorwerfen und deshalb mit einem ständig schlechten Gewissen durchs Leben gehen, sie fühlen sich schuldig. Ihre Grundstimmung ist am ehesten depressiv und somit haben sie einen innerlichen „Cocktail" gerührt, der auf seine Chance wartet, und diese Chance kommt mit hoher Wahrscheinlichkeit. Wenn dann die Probleme stärker werden, ist ihre Neigung, sich alleingelassen zu fühlen, sich selbst alles Mögliche vorzuwerfen und sich rasch entmutigen zu lassen, fatal, sie erschöpfen.

Nutzen Sie alle Chancen, die sich durch Ihre emotionale Labilität auftun.

Ich hab mich noch lieber als mich

Narzissmus mag zwar irgendwann einmal mit Selbstliebe zu tun gehabt haben, im Alltag führt er vielmehr weg von einem selbst und irgendwann richtet er sich gegen den Narzissten.

Dazu kommt es spätestens, wenn dieser alles, was um ihn herum geschieht, auf sich selbst bezieht. Der Narzisst fühlt sich stetig attackiert, wo kein Angriff gemeint ist, er bezieht beispielsweise irgendwelche formaljuristischen Akte wie die Berechnung von öffentlichen Gebühren auf sich selbst. Da werden dann der Strombescheid zur Kriegserklärung und die Wassergebühren zum Dolchstoß. Das bedeutet, sich aus einer möglichen Lässigkeit heraus, aus einem passiven, wohligen Da-Sein in eine Hab-Acht-Position zu katapultieren.

Die Kehrseite der Medaille ist die aktive: Hierbei meint der Narzisst, unentwegt etwas leisten zu müssen und zu können, was niemand von ihm verlangt hat. Unter gewissen Aspekten kann man in diese Kiste das Helfersyndrom (Kap. 6) packen.

Woran sich Hermine am besten aus ihrer Kindheit erinnert, ist der immer gleiche Spruch beider Eltern: „Schafft euch (mit „euch“ waren ihre drei Schwestern und sie gemeint) keine Kinder an.“ Dieser Satz, vorgeblich lieb gemeint, um den Kindern das unaussprechliche Leid zu ersparen, welches mit der Tatsache, Kinder zu haben, verbunden sein soll, ist eine sehr direkte Aussage von Hermines Eltern zur Ablehnung ihrer eigenen Kinder. Denn aus welchem andern Grund, als dass die Eltern ihre Kinder einschließlich Hermine nicht wollten, sollten sie einen solchen Satz wieder und wieder vor ihnen aussprechen?

Eine bewusste oder außerbewusste ablehnende Haltung der Eltern dem Kind gegenüber wird vom abgelehnten Kind mit einer bestimmten, regelhaft auftretenden Re-Aktion beantwortet. Es verlernt, auf sich selbst zu hören. Stattdessen wird es immer konformer mit den Normen und den Idealen der Eltern, es wird immer stärker angepasst. Es beginnt, den Eltern die Wünsche von den Lippen abzulesen. So hofft es, vielleicht doch irgendwann einmal gemocht zu werden und es hofft, die Ablehnung der Eltern nicht mehr spüren zu müssen, weil es ja doch so lieb ist. Es ist brav, zeigt gute Leistungen, nutzt indirekte Aggressionen, richtet sich also nicht gegen die Eltern, meistens auch nicht während der klassischen Widerstandsphase, der Pubertät.

Da es seine eigenen, tiefen Bedürfnisse nicht ausreichend beachtet und erfüllt, wird es Schritt für Schritt immer bedürftiger nach Lob und Anerkennung von außen. Zudem beginnt es im Laufe seiner Erwachsenwerdung, alles auf sich selbst zu beziehen, aber nicht als Selbstliebe, sondern in wachsamer Grundeinstellung, um so rasch wie möglich zu erkennen, ob es wieder abgelehnt wird. Dadurch werden Banalitäten, die mit dem „Kind“, das längst erwachsen ist, nichts zu tun haben, aufgebauscht und fälschlicherweise auf sich selbst bezogen. Die Nähe zur emotionalen Labilität wird offenkundig. Von all dem merkt der Narzisst meistens nichts, nur seine Umgebung wundert sich über seinen Argwohn, seine Angst und kruden Fehleinschätzungen. Alles wird persönlich genommen, wenn sich ein Mensch, den der Narzisst noch nicht einmal kennt, an einem Stück Apfel verschluckt, bedeutet dies, er wolle einem etwas husten; wenn der Postbote beim Klingeln an der Haustür vor einem ausrutscht, wollte er sich einem zu Füßen schmeißen; wenn der Vermieter die Nebenkostenvorauszahlung um fünf Euro pro Monat anhebt, dann will er einen aus der Wohnung ekeln. Die Vorstellungen narzisstisch geprägter Menschen über das, was alles angeblich mit ihnen selbst zu tun hat, sind unersättlich-kreativ. Das Problem dabei ist, dass diese Menschen nicht zu sich selbst finden, sondern auf einer sehr belastenden, von sich selbst ablenkenden Ebene stehenbleiben. Das kostet ihre Kraft.

Zugleich haben sie eine nicht endende Sucht nach Anerkennung. Gut, wenn diese offen demonstriert wird wie bei Showmastern, Schauspielern und Künstlern, schlecht, wenn sie getarnt wird und außerbewusst abläuft. Dann werden asymmetrische Beziehungen gesucht, in denen der Narzisst gibt, weil er hofft, Liebe dafür zu bekommen. Das funktioniert praktisch nie und Partnerschaftsprobleme sind vorprogrammiert. Meistens treffen sich die zwei Richtigen, denn ein Narzisst kommt selten allein. Beide wollen dauernd helfen, aber nicht, weil sie so lieb sind, sondern um daraus den inneren Gewinn des Gebrauchtwerdens und des Machthabens zu ziehen. Letztlich schwächt aber eine solche Farce von Helfenwollen. Beide verlangen nach Liebe und geben etwas anderes, zugleich können sie ihre sich anstauenden Aggressionen nicht erwachsen ausdrücken und abwickeln – Burnout als eine Lösung aus einer solchen kranken Beziehung ist haufig. Auch hier konnen Sie erkennen, welchen großen Nutzen das Ausbrennen hat, denn wer will schon in einer solchen Partnerschaft leben?

Die meisten Prominenten sind Narzissten – leben Sie deren Erfolgsmodell nach.

Die wirklichen Persönlichkeiten

Riemann (1993) unterschied vier Persönlichkeitsgrundformen, zwei zusätzliche wurden inzwischen vorgeschlagen (Bergner 2013).

- Danach gibt es *depressive* Persönlichkeiten, die Probleme haben, selbst zu werden und die sich auf jeden Fall – koste es welche Scheinheiligkeit auch immer – geborgen fühlen wollen. Sie wollen unbedingt Liebe spüren und sich nicht allein fühlen. Das kann beispielsweise dazu führen, destruktive Beziehungen aufrechtzuerhalten. Oder dazu, Entscheidungen, welche von etwas wegführen, nicht zu treffen. Eine depressive Persönlichkeit wird also vieles versuchen, um Änderungen zu verhindern – aber Lösungen, wenn man erschöpft, bedeuten eben immer auch Änderungen.
- *Schizoide* Persönlichkeiten kreisen gedanklich und emotional um sich selbst und wollen keine Liebe an sich heranlassen. Ihre Angst vor dem Verlassenwerden eint sie mit den Depressiven, aber das sind auch schon alle Gemeinsamkeiten. Schizoide Menschen stolpern gern aufgrund ihrer Selbsterhöhung in die Hochmut-Falle und können auf zu wenig Ressourcen zurückgreifen, weil sie über zu wenige und zu oberflächliche soziale Anbindungen verfügen.

- *Zwanghafte* Charaktere wollen alles verhindern, was ihnen Unsicherheit bescheren könnte. Sie wollen nichts Neues, immer festhalten. Das widerspricht jedoch dem Lauf der Dinge, denn das einzig Konstante ist der Wandel. Deshalb verharren Zwanghafte in Lösungen, welche früher wirkten, heute aber behindern.
- *Histrionische* Persönlichkeiten (früher *hysterisch* genannt) wollen sich nicht einengen lassen, weshalb Burnout ihnen besonders zu schaffen macht, denn das Ausgebranntsein führt zu einer immer stärkeren Beschränkung der eigenen Möglichkeiten und der Perspektiven. Als Freiheitsfanatiker haben sie Angst vor Erstarrung, auch das macht ihnen ihre eigene Erschöpfung besonders hart.
- Sich *minderwertig* fühlende Menschen können nicht gut vertrauen, sie meinen, alles selbst schaffen zu müssen und wollen durch ihre Leistung anerkannt werden. Erfolg ist ihr Maßstab, und wenn Burnout droht und ihr Erfolg abnimmt, geht es ihnen rapide schlechter. Menschen mit Minderwertigkeitsgefühlen haben große Angst, zu versagen, und sind deshalb prädestiniert für Burnout.
- Der sechste Persönlichkeitstyp, der *Gehemmte*, lässt andere arbeiten, weil er Angst davor hat, seine eigene Wirksamkeit, seine Kraft zu spüren. Das ist zugleich sein Problem, wenn Burnout droht: Er erkennt nicht die Möglichkeiten, die er hat. Seine Angst vor dem Versagen wird auf diese Weise Realität.

Alles in allem sind die innerlichen Prozesse, welche zum Ausgebranntsein führen, sehr unterschiedlich, aber jeder Persönlichkeitstyp hat gute Chancen, dies zu erreichen. Denn einem Depressiven braucht nur der Partner abtrünnig zu werden, der Schizoide kann ohnehin schon kaum auf soziale Ressourcen zurückgreifen, der Zwanghafte wird über einen zu raschen Wechsel in seiner Berufswelt stolpern, der Histrionische kann mit rigiden, einengenden Vorschriften traktiert werden, dem Minderwertigen können viele Tätigkeiten aufgebürdet werden, für die er eigentlich nicht zuständig wäre und der Gehemmte reagiert am ehesten erschöpft auf das Angebot, seinen Einflussbereich deutlich zu erweitern.

Bei den meisten Menschen wirken zwei Anteile dieser Persönlichkeitskategorien. Erkennen Sie Ihre und leben Sie stolz die Besonderheiten Ihres Typs aus.

12 Basta.

> Der Schüler fragt den Meister: „Du bist allwissend. Bitte erkläre mir, weshalb ein Brot immer auf die bestrichene Seite fällt." Der Meister überlegt nicht lange und spricht: „Das stimmt nicht. Wie kommst Du auf diese Idee?" Der Schüler schaut auf: „Meister – das ist klares Gesetz!" Der Meister würde ärgerlich werden, wäre er kein Meister, also spricht er: „Das ist falsch. Versuchen wir es einfach." Ein anderer Schüler bringt ein bestrichenes Brot herbei, der Meister wirft es in die Luft und das Brot fällt auf die trockene Seite zu Boden. Der Schüler starrt erst ungläubig den sauberen Boden und das Brot an, dann den Meister und sagt: „Das Gesetz ist wie es ist. In diesem Fall wurde das Brot offenbar auf der falschen Seite bestrichen."

Eine menschliche Grundüberzeugung lautet: Meine Welt ist die richtige, in anderen Worten: Ich habe immer Recht. Basta, aus. Mit Basta wurden andere immerhin schon Bundeskanzler. Und wenn man immer recht hat, haben die anderen immer unrecht, außer, sie bestätigen einen in der eigenen Meinung. In Kürze: Wer eine andere Vorstellung oder Meinung hat als ich, muss im Unrecht sein.

Wie Sie gestrickt sind

Eine Aufgabe für Sie: Finden Sie genug und fundierte Argumente, warum es sinnvoll ist, auf scheinbar ganz andere Weise nochmals das Gleiche zu versuchen. Beachten Sie hierbei die Wortwahl: Das Gleiche bedeutet, es gleicht sich, ist aber nicht vollkommen identisch. Dasselbe bedeutet, ein und dasselbe. Natürlich, so einfältig sind Sie nicht, dasselbe zu tun, Sie tun lieber das Gleiche! Aber warum ist das eigentlich so? Es hängt zu einem wesentlichen Teil an den motivationalen Mustern. Wer bereits auf gutem Weg ins Burnout ist, kennt Sätze folgenden Inhalts von sich:

- Ich kann nicht mehr.
- Ich halte es nicht mehr aus.
- Ich will nicht mehr.
- Ich muss durchhalten.
- Ich will hier weg.
- Ich brauche dringend Urlaub.
- Warum hilft mir denn keiner?

Solche Inhalte entsprechen motivationalen Mustern, das bedeutet, sie wirken wie eine verhaltensbestimmende Handlungsanweisung in kurzer, knackiger Form. Denn wenn in Ihnen der Inhalt „Ich kann nicht mehr" klingt, kann dies zu keiner positiven Aufbruchsstimmung beitragen, sondern das meiste, was Ihnen dann geschieht, wird unter dieser grauen Brille erlebt und bewertet. Schauen Sie sich die Wirkung einer solchen Anweisung genauer an:

Maren

Maren meint, sie kann nicht mehr. In dieser Stimmung entscheidet sie dennoch, heute wieder zur Arbeit zu gehen („Ich **kann** nicht mehr"). Bereits der Weg dorthin erscheint ihr wie ein Martyrium, kaum angekommen, hat sie das Gefühl, mit unverschämt vielen Wünschen und Forderungen konfrontiert zu werden, eben „Ich kann nicht **mehr**". Was sie sich auch immer konkret für diesen Tag vorgenommen hat, mit dem innerlichen Klotz am Bein wird sie es nicht schaffen, sie erreicht ihre Ziele also nicht, muss inmitten des Tages abbrechen und wieder nach Hause gehen („Ich kann **nicht** mehr“). Die Frustration darüber ist groß. Was wird sie am nächsten Tag versuchen? Entweder das gleiche wie heute, mit dem gleichen Ergebnis. Vielleicht versucht sie auch, ihr Tun teilweise zu ändern, das Ergebnis wird dennoch ähnlich bleiben. Und wenn sie sich für die dritte Variante entscheidet, diese Handlung zu stoppen, also nicht mehr zur Arbeit zu gehen, ist sie erst recht frustriert.

Solange Maren nicht an ihrem motivationalen Muster und dessen Auswirkungen arbeitet, erst recht, solange es ihr nicht wirklich bewusst ist, hat sie schlechte Karten. Die Handlungswiederholung ist die typische Entscheidung in der ersten Phase von Burnout, der hyperaktiven. Die Handlungsänderung ohne ausreichende Verbesserung der Wirksamkeit entspricht der Erschöpfung in der zweiten Phase und der Handlungsstopp der Lähmung in Phase drei. Seinen eigenen motivationalen Mustern so mir nichts dir nichts auf die Schliche zu kommen, ist fast unmöglich – wer hier keinen entsprechend ausgebildeten „Spiegel“ hat, macht weiter – auch dies ein Grund für den Ihnen inzwischen eventuell aufstoßenden Satz, dass die Lösungsversuche des Betroffenen sein Problem bestehenlassen.

Motivationale Muster spiegeln die Macht des negativen Denkens. Selbst scheinbar positiv anmutende Inhalte wie

- „Ich bin der Größte“ (Mann, Geschäftsführer in der chemischen Industrie, 45 Jahre alt),
- „Ich bin größer als Gott“ (Frau, selbstständig tätig im Bildungsbereich, 49 Jahre alt),
- „Mir sagt niemand was“ (Sie, mit gewisser Wahrscheinlichkeit),

haben, wenn Sie hinter die Kulissen der Sätze schauen, durchaus das Potenzial, Ihnen Energie zu rauben.

Nutzen Sie die Macht sich negativ auswirkender Muster.

Das Pudelphänomen

Vielleicht ist Ihnen schon einmal aufgefallen, dass Frauchen oder Herrchen und ihr Hund sich im Laufe der Jahre optisch immer ähnlicher werden, am ehesten bei Pudeln. Da fragt man sich, wer zuerst die Dauerwelle trug. Dieses Pudelphänomen gibt es auch innerpersönlich: Der Mensch gleicht sich immer mehr dem an, was er vorrangig denkt und was außerbewusst in ihm wirkt. Sie können einem Menschen nach gewisser Zeit beispielsweise seine Angsterkrankung ansehen, seine Depression ebenso. Viktor Frankl sagte dazu: „Die Furcht verwirklicht, was sie fürchtet." Das Phänomen umfasst jedoch weitere Bereiche: Wer grundsätzlich glaubt, etwas ginge nicht, für den wird eine Änderung schwerer oder mühsamer vonstattengehen. Wer findet, das Leben sei anstrengend, für den wird es anstrengend ablaufen. Leider – und das ist die Krux an positivem Denken – klappt es nach aller Lebenserfahrung viel eher im Unguten als im Guten. Wer also wirklich zutiefst davon überzeugt ist, Sieger zu sein, wird noch lange keiner werden. Oder haben Sie schon einmal den Besitzer eines Rennhundes erlebt, der seine eigene Laufgeschwindigkeit erhöhte?

Kinderwissen

Das Pudelphänomen hängt wesentlich mit unseren motivationalen Mustern (Bergner 2013) zusammen. Jeder hat hunderte davon und mindestens eines, das mit „Ich muss" beginnt:

- Ich muss immer der Beste sein.
- Ich muss alles unter Kontrolle haben.
- Ich muss es allein schaffen.

- Ich muss dem anderen helfen.
- Ich muss immer lieb sein.
- Ich muss anerkannt werden.
- Ich muss es allen beweisen.
- Ich muss dazu gehören.
- Ich muss perfekt sein.
- Ich muss ganz nach oben.
- Ich muss über meine Grenzen gehen.
- Ich muss alles selbst tun.

Finden Sie Ihr(e) Ich-muss-Muster und leben Sie diese(s) voll aus.

Wenn Sie solche Sätze vorurteilsfrei lesen, erkennen Sie darin die kindliche, teils auch kleinkindliche Note – welcher Erwachsene meint schon, immer lieb sein zu müssen? Aber viele Vierjährige haben durchaus diese Erfahrung gemacht, denn sobald sie nicht mehr lieb sind, haben sie Druck von oben zu befürchten, dem sie kaum standhalten können.

Unsere motivationalen Muster gibt es in vielen verschiedenen Varianten, eine davon ist die eben beschriebene Form, was wir meinen zu müssen. Es gibt jedoch ein sehr weites Spektrum überaus individueller schräger Inhalte wie:

- Wer mich betrügt, den bringe ich um!
- Ich kann nicht ertragen, eine ganz normale Frau zu sein.
- Lieber Mitleid als Liebe.

Motivationale Muster sind Kinderwissen, das Sie sich anschauen sollten, um nicht als Dreijähriger durchs Leben zu gehen oder Unternehmen zu führen – oder eben doch, hat ja auch was. Sie führen zu einem prinzipiell starren Festhalten an Lösungen, die anno dazumal richtig und wirkungsvoll waren, aber heute nicht mehr funktionieren. Denn, so es auch tragisch sein mag, dass wir selbst uns kaum ändern, die Umstände ändern sich stetig. Wer das missachtet, hat gute Chancen für das eigene Burnout.

Das bedeutet, was gestern funktionierte, muss heute noch lange nicht in die gewollte Richtung wirken. Und es bedeutet auch, Lösungen, die Sie als die bestmöglichen betrachten – und die das auch sein mögen –, sind noch lange nicht alle möglichen Lösungen und sie sind auch nicht immer sinnvoll. Das führt dazu, lieber auf einer behindernden, scheinbar exzellenten Lösung zu beharren und zugleich sinnvollere Alternativen erst gar nicht erkennen zu können. Das glauben Sie nicht? Vielleicht tönt in Ihnen einer der folgenden Inhalte:

Es geht ausschließlich so, alles andere …

- … habe ich schon versucht,
- … wird so nicht erwünscht,
- … geht gar nicht,
- … ist zu anstrengend,
- … entspricht mir nicht,
- … will ich nicht,
- … kann ich nicht,
- … darf ich nicht.

Die Aufzählung ist bei vielen Menschen etwa hundertachtundvierzig Mal so lang, sie wird hier beendet. Was Sie erkennen können: Es gibt immer, ohne Ausnahme, wirklich gute Gründe, an einer nicht funktionierenden Lösung festzuhalten, womit sie zu einem Lösungsverhinderer wird.

Missachten Sie, dass es immer, wirklich immer, mehr als eine Lösung gibt.

Man kann sich des Eindrucks kaum erwehren, manchen gehe es genau darum, das zu tun, was sie nicht tun wollen. Hauptsache, das Leben macht keinen Spaß. Ein Beruf muss Mühe machen, wenn er leicht von der Hand geht, ist er und bin ich nichts wert. Das mögliche motivationale Muster dahinter: Ich muss es schwer haben. Gut so, das sind handfeste Gründe fürs Ausbrennen. Hauptsache, sich selbst bestrafen.

Wegweiser zum Ausgebranntsein sind also Sie schädigende, feste Überzeugungen – die motivationalen Muster – und das daraus resultierende Verhalten. Immerhin, es basiert auf all Ihren Erfahrungen und da Sie der Nabel der Welt sind, sollten Sie sich immer und ausschließlich an Ihrer eigenen Vorgeschichte orientieren. Wäre ja noch schöner, einfach so Rat von anderen anzuhören, geschweige denn, anzunehmen.

Ein guter Mensch ist sich selbst treu – auch bis in den Abgrund hinein. Das ist ein wahrer Meister. Anfänger hingegen lassen sich was sagen – wie kann man nur?

Es geht darum, auf den eigenen motivationalen Mustern zu beharren, nichts könnte vernünftiger sein. Denn auch sie sind es schließlich, die Sie dahin gebracht haben, wo Sie eher nicht sein wollten und wo Sie nun vielleicht auch nicht mehr bleiben möchten. Überlegen Sie sich das gut. Immerhin nutzten Ihnen die Sätze in Akutsituationen Ihres kindlichen Seins und Ihre Teddybären haben Sie doch auch noch alle. Aber spielen Sie noch damit? Diese Muster sind unsere wahren Antriebsmeister. Wenden Sie sich ihnen in Ehrfurcht und mit gebührendem Respekt zu. Es geht damit darum, die Weltsicht eines Kindes nicht zu verlassen. Sie kennen doch den klugen Satz, dass es keine zweite Chance für den ersten Eindruck gibt. Entsprechendes gilt für Ihre ersten eigenen Lebenserkenntnisse.

Was meins ist, soll auch meins bleiben.

13 Yolo: You only live once

Yolo ist eine Aufforderung, alle sich bietenden Chancen auf Erlebnisse zu nutzen. Das Wort wurde in 2012 zum Jugendwort des Jahres gewählt und gibt somit hoffnungsvollen Anlass, dass das Thema Burnout erst am Anfang steht, denn gerade, was unsere heutige Freizeitgestaltung angeht, herrscht der Gott des Selbstbeschisses, genannt das Ich. Der Stress der Berufswelt wird einfach fortgeführt, indem der soundsovielte Judo-Gürtel erkämpft, eine andere Mediationstiefe erreicht, Mal- und Filzkurse absolviert oder Bunjee-Sprünge gewagt werden müssen. Eine Aktivität reiht sich an die nächste.

Ich bin mir so fern

„In einer Leistungsgesellschaft, die das Wachstum, den Konsum und die Erlebnismaximierung feiert, wird das Nichtstun zum bitteren Genuss.“ (Taubitz 2012) Viele Menschen wollen keine Ruhe, keine Ausgeglichenheit, kein Gleichmaß, keinen Sinn. Das alles bedeutet für sie so etwas wie Stillstand und der kommt mit dem Tod noch schnell genug. Sie wollen „Action“, von sich selbst abgelenkt werden, sich nicht mit sich selbst befassen müssen. Sie wollen sich selbst nicht zu nahe kommen. Wenn Begeisterung, dann für Unwesentliches, also dem eigenen Wesen nicht Entsprechendes wie Status, Erfolg, Befriedigung der Wünsche der Eltern, Stolz und anderes mehr.

Führen Sie in diesem Sinn eine Fernbeziehung zu sich selbst? Diese funktioniert am besten, wenn Sie dadurch effektiv abgelenkt sind, sich selbst wahrzunehmen. Wie dies ablauft, demonstrieren heutige Studenten. Der indische Philosoph Krishnamurti sagte, ein Leben ohne Vergleichen und Messen sei Meditation (zit. n. Maeck 2012). Leider scheint sich seine Weisheit nicht in die Seelen unserer Studenten voran gearbeitet zu haben: Sie machen sich eben durch Vergleichen mit den Mitstudenten einen immerwährenden und immer größer werdenden Druck. Es gibt eine Vielzahl von durch eigene Bewertung so empfundenen „Musthaves“, seien es immer mehr Fremdsprachen oder möglichst mehrere Auslandserfahrungen. Zugleich meinen sie, immer jünger beim Abschluss sein zu müssen (Maeck 2012).

Hier können Sie erleben, was geschieht, wenn Inhalte, die eigentlich nichts mit Materiellem zu tun haben, ins Materielle verschoben werden. Die Qualifikationen werden nicht mehr als Bereicherung der eigenen Fähigkeiten, der Möglichkeiten eigenen Tuns und der Erweiterung der Persönlichkeit empfunden, sondern als Ware, die einem Käseaufschnitt gleich dargeboten werden soll, als ein Stück Materie, ein Teil des Habens. Deshalb sagte David McCoullough, ein Lehrer der Wellesley High School in den USA: „Klettert nicht auf den Berg, um dort eure Fahne hinzupflanzen, sondern um die Herausforderung anzunehmen, die Luft zu genießen und die Aussicht zu betrachten. Besteigt ihn, damit ihr die Welt sehen könnt, nicht, damit die Welt euch sehen kann.“ (zit. n. Sonnberger 2012)

Logische Folge für die Studenten: Um den Materialismus, die eigene Prostitution auf dem Markt, nicht zu nah erleben zu müssen, werden Psychopharmaka wie Antidepressiva und leistungssteigernde Medikamente („Gehirndoping“) geschluckt – das sind nicht ohne Grund die im Jahr 2010 den Studenten am häufigsten verschriebenen Arzneimittel. Dabei darf getrost davon ausgegangen werden, dass nicht nur der Vergleich mit anderen Studenten einen Antrieb bildet, sondern die guten Eltern, die einem all das ermöglicht haben, die immer so lieb waren und denen nun das eine oder andere im positiven Sinn zurückgegeben werden soll: Erfolg als Dankbarkeitsgeste Richtung Zuhause (Maeck 2012).

Vermeiden Sie alles, was Sie der Gefahr näherbringt, sich selbst näher zu kommen.

Knapp verfehlt ist voll daneben

Burnout bekommt nicht, wer ein neues Ziel erkannt hat und sich diesem voller Begeisterung zuwendet. Es gibt also sehr wohl Brüche im Lebenslauf, die nicht über eine Krise, wie es Burnout darstellt, erfolgen und erfolgreich sind. Burnout heißt ja gerade, zunächst *nicht* zu wissen, wie es weitergeht. Das liegt auch daran, dass Burnout gern auftritt, wenn scheinbar alles im Lot ist, wenn wichtige Ziele bereits erreicht sind. Das Problem jeder echten Zielerreichung ist, dann keines mehr zu haben oder allgemeiner: Der Weg ist interessanter als das Ankommen. Sobald man angekommen ist, tritt eine Abschwächung des Lebensschwungs ein, den der Weg zum Ziel bedeutete. Und nichts scheint so gefährlich wie Langeweile.

Burnout bekommt nicht der, der seine Ziele nicht erreicht. Burnout bekommt viel eher der scheinbar, also nach außen, Erfolgreiche. Aber die Ziele, die er erreicht hat, sind nicht die seinen. Es sind Ziele, die er bewusst oder außerbewusst gesetzt hat, um zu demonstrieren, der Größte zu sein oder alles perfekt zu beherrschen oder was auch immer. Seine tatsächlichen Ziele waren andere.

Burnout entsteht also bevorzugt dann,

- wenn entweder Ziele erreicht wurden, die gar nicht die eigenen waren („Und das soll es gewesen sein?"), oder
- wenn Ziele erreicht wurden, welche die eigenen waren, die dann entstehende Leere aber gefüllt werden muss – eben mit Burnout.

Das mündet in einer schlichten Frage: „Und was jetzt?" Es gibt eine dritte Variante, dass Ziele viel zu hoch angesetzt wurden. Die innere Frage dazu: „Wie soll ich das nur schaffen?"

Wenn Sie in einem solchen Fall die Frage ehrlich beantworten würden mit: „Das kann ich *nicht* schaffen" und Sie akzeptierten dies rasch, wäre unmittelbar die Luft aus der Sache. Es wirkt also erheblich erschöpfender, sich in Allmachtfantasien (Kap. 10) zu ergehen. Erst mal aufopfern, dann erschöpfen – denn, das sollten Sie beachten, auf diese Weise können Sie sich wie ein kleines Kind der Zuwendung der anderen („Ach, hat der sich aber angestrengt in seinem Leben") sicher sein.

Nach außen darf diese wesentliche Erkenntnis nicht dringen, noch nicht einmal ins eigene Bewusstsein sollte sie geraten. Also begibt man sich auf viele Irrwege, die nach außen hin den Eindruck vermitteln, man sei aktiv und ganz sicher auf seinem Weg, wie die eben beschriebenen Studenten.

Glücklich sein aufgrund des Glücks allein

Heutzutage besteht ein Verlangen nach unendlichem Glück im Leben. Was bedeutet Glück als Gefühl eigentlich? Glück meint nicht den unerwarteten, positiv bewerteten Zufall wie das Glück in einem Spiel. Glück ist ein Grundgefühl des

Menschen, und zwar neben Freude und Liebe eines von nur Dreien, die der Mensch anstrebt (Bergner 2013). Dabei ist den vielen Gefühlen wie Verliebtsein, Verzückung, Wollust oder Dankbarkeit, die unter Glück zusammengefasst werden können, gemeinsam, dass sie meistens zu zweit stärker, leichter oder beständiger auftreten. Da Glück fast nur zumindest mittelbar zu zweit erlebbar ist, bedeutet die Gier nach Glück die Abhängigkeit von einem anderen. Das ist der zentrale Unterschied zur Freude, die allein möglich ist, oder: Glück ist wie Sex mit einem anderen, Freude wie Onanie. Beides hat was, aber Erstgenanntes ist irgendwie besser (Bergner 2013).

Nun ist ein Grundcharakteristikum eines jeden Gefühls, dass es kommt und auch wieder geht, nach Sekunden, spätestens nach Stunden. Selbst der im Moment glücklichste Mensch braucht nach kurzer Zeit eine Form von Verschnaufpause sogar vor dem Glück. Das ist ein schlichter, aber sehr konsequenter Grund, warum es kein stetes Glück geben kann. Es ununterbrochen wieder neu zu bilden, gelingt nicht, es erschöpft sich. Darin zeigt sich das Kleinkindartige bei der heutigen unersättlichen Glücksgier. Menschen eines solchen Kalibers setzen auf einen entsprechenden Zustand, der jeder erwachsenen Erfahrung widerspricht.

Sie haben ein Recht auf großes Glück. Fordern Sie es deshalb von Ihrer Umgebung ein.

Denke positiv!

Positives Denken hat nichts mit einer positiven Grundeinstellung zu tun, welche wirksam zur Entspannung im Leben beiträgt. Alles, was den menschlichen Alltag ausmacht, ist dual, hat zwei Seiten. Sicher, in bestimmten Meditationen mag es möglich sein, die Fassade der Dualitat zu überwinden und das Eins oder Einigende zu erleben, aber das sind Highlights im Leben und die wenigsten dürften den Status des Erlösten bereits erreicht haben, zumindest dann nicht mehr diese Anleitung ins Burnout lesen.

Sie wurden von Kindheit an auf die negative Seite trainiert, nichts anderes ist es, wenn Sie als Kind tagtäglich auf Ihre Fehler hingewiesen wurden – und nichts anderes sind die meisten „Feedback-Gespräche“ auch heute noch. Stellen Sie sich einmal Ihr Navigationsgerät im Auto vor, wenn es so agierte: Sie würden es nach 30 Minuten voller Zorn aus dem Auto werfen, natürlich erst, nachdem Sie den Akku entfernt haben, oder wollten Sie stetig hören: „Hier hätten Sie abbiegen sollen“, „Sie fahren schon wieder zu schnell“, „Wo haben Sie denn Ihren Führerschein gekauft?“ Genauso erfolgen aber wesentliche Bereiche der Erziehung. Deshalb sind später Aufgaben keine Chancen und Probleme und Schwierigkeiten keine Herausforderungen. Anhand von Fehlern machen Sie sich klein, statt sie als notwendiges Korrektiv wertzuschätzen.

Diese negative Weltsicht ermöglicht Ihnen, schneller ins Burnout zu gelangen. Auch einseitiges positives Denken kann nicht weiterhelfen, dafür sind die Prozesse beim Erschöpfungszustand zu tiefgehend und dieses Denken bleibt an der Oberfläche, denn es entspricht weitgehend dem egozentrischen Weltbild eines Kleinkindes und es geht Hand in Hand mit Allmachtfantasien (s. Kap. 10). Wer in dieser Weise stetig und unausgesetzt positiv denkt, scheint allen Ernstes davon überzeugt, er sei selbst der einzige Verursacher all dessen, was um ihn herum geschieht. Positives Denken ist also ein Ausdruck einer narzisstischen Störung (Kap. 11). Bereits die Idee, stetig eigene negative Gefühle und Gedanken überhaupt nur erkennen, geschweige denn unterdrücken zu können, ist abstrus.

Trainieren Sie sich in einseitig positivem Denken.

Das Leben ist ein Event

Langeweile kommt zum einen auf, wenn wir uns selbst nicht wahrnehmen wollen, zum anderen, wenn wir uns mit dem, was gerade da ist, nicht in Beziehung setzen wollen. Langeweile ist *das* Zeichen für Desinteresse und damit eine Form der Abkapselung vom Außen. Bestenfalls ist sie Ansporn, sich für etwas neu zu interessieren.

Langeweile ist ein Gefühl, das in der heutigen Welt verhasst, zumindest verpönt ist. Um es nicht zu fühlen, führen viele einen Veitstanz der Selbstbeschäftigung auf. Ihnen soll ihre Aktivität dazu dienen, sich auf keinen Fall mit sich selbst, mit dem Wesentlichen im eigenen Leben auseinandersetzen zu müssen. Lieber „Action", das Leben als „Event", statt Konfrontation mit sich selbst. Eine pausenlose Suche nach Steigerung, nach mehr; mehr Glück, mehr Thrill, mehr Gesundheit, mehr Sex, mehr Geld, mehr Internet, mehr Ansehen, mehr Freunde, mehr Urlaub, mehr Autos, die Liste ist lang und wird immer länger.

Wenn die Weile zu lang wird und nichts geschieht, was davon ablenkt, steigt die „Gefahr" Genaueres von seiner inneren Stimme wahrzunehmen. Und was die einem zu sagen hat, hat mit Sicherheit mit der Event-Idee so gar nichts zu tun. In sich selbst vermuten manche Schlimmstes, Abgründe – auch aus dieser Angst heraus versäumen sie, genau hinzuhören und zu fühlen, um was es ihnen im Leben tatsächlich geht. Langeweile mittels Aktionismus zu bekämpfen führt zur verminderten Selbstwahrnehmung und damit zur größeren Chance aufs Ausgebranntsein.

🔥 Nutzen Sie intensiv die vielfältigen Angebote unserer Eventwelt.

Zufriedenheit bedeutet Stillstand

Wer wirklich zufrieden ist, hat keine akuten Bedürfnisse – und somit verringert sich seine Neigung, wegen neuer Ziele und neuem Verlangen seinem Leben eine aktionistische Note zu verleihen. So wie Burnout ohne Unzufriedenheit nicht existiert, ist Zufriedenheit ein wichtiges Antidot gegen Burnout. Sie sollte also weder angestrebt werden noch, so sie doch käme, festgehalten werden. Zufrieden sind Sie dann, wenn Sie im Gefühl leben, den eigenen Weg erfolgreich zu gehen, sie folgt somit dem Empfinden eigener Wirksamkeit. Sie erinnern sich an den Esel, der an zu geringem Eigeneinfluss und somit an zu geringer Selbstwirksamkeit litt.

Für die Arbeit an Ihrer Unzufriedenheit, bieten sich drei verschiedene Wege an:

Zuerst sollten Sie schauen, was alles *nicht* so ist, wie Sie das gerne hätten. Hier ist einmal mehr Kreativität und Weitsicht gefragt. Am besten geht es in innerer und äußerer Ruhe wieder einmal mit ausreichend dickem Schreibblock und Stift.

Die erste zu beantwortende Frage ist folgende:

- „*Was fehlt mir*, das ich gern besäße, weil ich es noch nie hatte, weil es vergangen ist oder in anderer Weise nicht mehr verfügbar?" Dabei sollten Sie innerlich alles abgrasen, was nur im Entferntesten eine Ernte in Aussicht stellt: Partnerschaften, Familie, Beruf, Geld, Hobbys, Besitztümer, Gesundheit, eben alles.

Wenn Sie die Liste einigermaßen komplett haben und der Schreibblock noch – hoffentlich wenig! – Platz hat, gehen Sie an die zweite Frage:

- *Was geschieht anders* als ich es gern hätte? Hier können Sie Ihr Gedankenspektrum noch weiter fassen, oder sind Sie etwa mit der Politik einverstanden? Oder mit der Macht der Banken? Oder mit dem Wetter, dem Ergebnis Ihrer Fußballmannschaft, dem Essverhalten Ihres Hamsters, der neuen Teppichausstattung im Unternehmen, dem Verhalten Ihres direkten Vorgesetzten – oder von Institutionen, mit denen Sie in welcher Weise auch immer kooperieren? Wenn Ihnen im Moment ein direkter Partner fehlt, den Sie innerlich voll und ganz einbeziehen sollten, indem sie ihn voll und ganz entblößen und jede seiner Handlungen einmal objektiv kritisch hinterfragen, schauen Sie in der Nachbarschaft herum: Ließ der blöde Nachbar auf der Westseite neulich nicht einmal mehr seinen widerlichen Hund kläffend vor Ihren Augen und Ohren auf und ab rennen? Unverschämtheit!

Bitte bemühen Sie sich um Ernsthaftigkeit bei der Beantwortung dieser Fragen. Eigentlich sollte Ihr Schreibblock nun voll sein, wenn er es noch immer nicht ist, werfen Sie noch einen Blick auf Ihre Seele. Gewiss, das mag nun mühsam sein, aber wenn Sie vorher nicht fleißig genug waren … Also, in welchen Punkten wird Ihre Seele nicht so *angesprochen* wie sie es bräuchte? Streichelt Sie Ihr Partner wirklich so, wie Sie es brauchten? Wann hat er Ihnen das letzte mal ein liebevolles Kompliment gemacht – und wenn, hatte er vielleicht etwas zu verbergen?

Gleich, wie wir es betrachten, im Endeffekt wird Ihre Unzufriedenheit dadurch gestärkt, wenn Sie etwas gern hätten, was Sie nicht haben. Sie ist also ein Thema des Anspruchs, Verlangens, der Gier oder des (tatsächlichen) Mangels.

Einen tatsächlichen Mangel oder mehrere haben Sie immer, Sie müssen nur genau hinschauen.

Eines der Probleme bei Unzufriedenheit ist ein grundsätzliches: Auch sie ist ein Gefühl und muss immer wieder neu aufgebaut werden. Aber im Alltag sollten sich bei etwas gutem Willen wiederkehrend gleiche und auch neue Anlässe finden, damit sie weiterleben kann.

Werden Sie kreativ und definieren Sie die Liste Ihrer Mängel, bis das Gefühl der Unzufriedenheit dauerhaft stark ist. Lernen Sie die Mängelliste auswendig.

Grundsätzlich wissen Sie genau, was Ihnen gut tut. Eine oder mehr Flaschen Wein am Abend sind es eher nicht, das fette Fleisch wohl auch nicht, sich mit der Packung Chips stundenlang vor dem Fernseher aufzuhalten, möglicherweise ebenso wenig. Deshalb wäre eine wichtige Frage: Wozu verhalten Sie sich anders, als Ihnen gut tut? Aber stellen Sie die erst einmal hintan, sie kommt nochmal.

Der Körper ist eine sehr hohe Instanz, ohne ihn wäre kein Mensch. Hohe Instanzen wollen Respekt, haben jedoch meistens auch eine große Portion Demut zu bieten. Die braucht ein Körper, der mit Alkohol, Nikotin, ungesundem Essen, Medikamenten und zu wenig – oder zu viel – Bewegung malträtiert wird. Aber seine Geduld währt nicht ewig und so hat er eine Reihe von Warnhinweisen im Repertoire, mit denen er Ihnen sagt, dass er nicht einverstanden ist mit dem, was ihm geschieht. Ihm geschieht auch etwas, wenn scheinbar ausschließlich Ihre Seele betroffen ist: Die Verbindungen zwischen den körperlichen und seelischen Bereichen sind überaus eng, sie beeinflussen sich gegenseitig.

In körperlich orientierten Berufen wie bei Leistungssportlern ist jedem klar, dass auf Belastungszeiten Entlastungsphasen folgen müssen, damit die Leistungsfähigkeit erhalten bleibt. Erholungs- und Regenerationszeiten sind bei Leistungssportlern Teil des Trainings, Teil des Berufsablaufs. Wieso das in dieser Gruppe normal ist und von jedem verstanden wird, während dies beispielsweise bei Führungskräften nahezu verpönt ist – weil die ja ununterbrochen Höchstleistungen vollbringen können – beweist einmal mehr die tief verankerte Sehnsucht nach dem Ausgebranntsein.

Sie sollten sich jetzt einer wichtigen Ebene zuwenden, den Mangelzuständen Ihres Körpers. Schauen Sie Ihren geschundenen Körper an. Nicht nur dessen Falten und winzige Fettansätze, es gibt so viel, was Sie ihm zuweisen können.

Entdecken Sie Ihren Körper als wichtige Ursache Ihrer Unzufriedenheit.

Sind Sie wirklich mit Ihrem Geschlecht zufrieden? Mit Ihrem Alter? Ihrer Körpergröße? Wie steht es mit den Maßen Ihrer sekundären Geschlechtsmerkmale (Brust, Behaarung) und erst recht Ihrer primären und Ihrer Muskulatur? Haben Sie nicht doch immer wieder einmal hier oder dort ein Ziehen bemerkt, auf das Ihre Konzentration von nun an gezielt gerichtet gehört? Gäbe es nicht genug an Ihrer Verdauung auszusetzen? Magen-Darm-Probleme bis hin zu unerklärlichem Durchfall? Immer noch kein Treffer? Sie sind hartnäckig! Denken Sie an das Metaziel, endlich auszubrennen.

Haben Sie Muskelschmerzen? Verstopfung? Potenzstörungen leiden Sie am Schulter-Arm-Syndrom? Rast Ihr Herz nicht auffallend oft? Ohnehin: Pfeift es nicht im Ohr? Ihnen wird unerklärlich übel (denken Sie an eine mögliche Schwangerschaft, nicht alle Zeichen sind ausschließlich für Ausgebranntsein typisch)? Oder knirschen Sie mit den Zähnen, dass einem angst und bange werden kann? Wenn Sie sich unsicher sind, fragen Sie Ihren Zahnarzt. Auch die Installation einer akustischen nächtlichen Überwachung im eigenen Schlafzimmer kann überlegt werden.

Vielleicht wäre zeitweise Atemnot etwas für Sie oder unerklärliches Zittern? Aber doch wenigstens ein „Klassiker“ wie Rückenschmerzen bis hin zum Bandscheibenvorfall? Wie steht es mit Ihrem Blutdruck? Ist der wirklich immer normal? Gewichtsabnahme? Aber doch wenigstens Gewichtszunahme? Wie ist es mit häufigen Erkältungen, Kopfschmerzen oder verminderter sexueller Lust? Wenn all das nicht zuträfe, Sie haben noch eine Chance und die sollte doch etwas für Sie sein: Schlafstörungen. Stimmt damit wirklich alles? Sie schlafen genug, also um die 8 Stunden täglich? Sie kennen keine Einschlafprobleme? Sie schlafen durch? Sie müssen nicht zur Toilette nachts? Machen Sie stattdessen ins Bett? Wachen Sie nicht doch zu früh auf? Und wenn: Nutzen Sie die Chancen fürs Grübeln auch ausreichend? Oder geben Sie sich ausreichend und routiniert dieser bohrenden, inneren Leere in Ihnen hin? Planen Sie wenigstens alle Tätigkeiten des kommenden, langen und ermüdenden Tages im Geiste voraus? Und beachten Sie dabei penibel, was alles schief gehen könnte?

Sie sehen, das Spektrum ist so weit, dass eigentlich für jeden etwas dabei sein sollte. Wenn nicht, ist das auch nicht schlimm, es gibt viele Chancen außerhalb der Körpersprache – und wer weiß, schon morgen kann es anders sein. Krankheiten kündigen sich selten an, die kommen recht spontan, wähnen Sie sich also nicht zu Unrecht in zu großer Sicherheit.

Beachten Sie äußerst wach und akribisch alle Zeichen Ihres Körpers und nehmen Sie diese als üblich und gegeben hin.

Nun ist es an der Zeit, sich klarzumachen, ob der Körper Zeichen für *Erschöpfung* zeigt: Sind Sie vielleicht über ein normales oder erklärbares Maß hinaus müde?

Wenn Ihr Körper erste Zeichen von Erschöpfung zeigt, geben Sie es ihm. Das wäre ja noch besser, sich vom eigenen Körper terrorisieren zu lassen. Der Mensch ist schließlich ein Geisteswesen und hat sich von allem Körperlichen weit entfernt, quasi losgesagt.

Weigern Sie sich, sich Ihrem Körper unterzuordnen.

Wenn Sie markante Zeichen für Erschöpfung fühlen, versuchen Sie wahrscheinlich, diese zu umgehen. Ein typisches Beispiel ist, die Urlaube oder die Urlaubszeiten zu mehren. Wenn Sie also der festen Überzeugung sind, Ihr Beruf führte zur Erschöpfung, ist es logisch, den Beruf zu vermeiden. Wenn Sie nach einem Urlaub oder einer Krankschreibung feststellen, innerhalb kurzer Zeit doch wieder zu erschöpfen, dann ist die richtige Schlussfolgerung, noch mehr Urlaub zu brauchen. Und so fort.

Es ist ein Teufelskreis: Was Sie zur Vermeidung von was auch immer versuchen, führt zur Erfüllung des Vermiedenen, weil Sie falsche Rückschlüsse ziehen. Statt den Fokus zu wenden, was dazu führen würde, zu erkennen, dass Urlaub (also der Nicht-Beruf) keineswegs zur Burnout-freien Zone führt, konzentrieren Sie sich auf Ihre bisherige Erkenntnis.

Es ist ein Zeichen von Reife, Menschenkenntnis und Selbstehrlichkeit, ein und denselben Lösungsversuch wieder und wieder zu wiederholen.

Um auszubrennen, macht es Sinn, sich damit zu beschäftigen, wie Sie sich effektiv selbstschädigend verhalten können. Aufzuhören, wenn es am schönsten ist: Verpönen Sie diese profane Einstellung! Es macht doch viel mehr her, wenn Sie es bis zum Letzten versuchen. Warum die ersten, zweiten und auch die vierundsechzigsten Zeichen wahrnehmen, die Ihnen nahebringen wollen, dass etwas nicht stimmt.

Eine Anmerkung muss wegen des Helfersyndroms des Autors sein: Grundsätzlich kann ein Zeichen des Körpers auf etwas anderes als seelische Belastungen hinweisen, diese Auflistung sollten Sie also nicht als Freifahrtschein ins Ausgebranntsein missinterpretieren. Es soll gute Ärzte geben, suchen Sie einen solchen auf, wenn Ihr Körper auf die eben beschriebene Weise mit Ihnen spricht.

Vielleicht haben Sie selbst einmal erlebt, wie sich manche Menschen am Büffet verhalten, wenn es also scheinbar etwas umsonst gibt. Manche dieser Menschen stopfen bereits am Büffet das Essen mit beiden Händen in den Mund. Wenn Sie sie fragen, warum sie das tun, erhalten Sie als Antwort: „Weil ich keine drei Hände habe."
Gier dient dazu, sich der Wirklichkeit nicht stellen zu müssen, und das bedeutet letztlich der eigenen Vergänglichkeit, der unverhandelbaren Konsequenz des eigenen Vergehens. Je mehr Sie Ihre eigene Fragilität merken, umso größer kann Ihre Gier werden. Daher gilt: Je größer die Angst vor dem Tod, umso mehr Geld und (scheinbare) Macht werden gehortet.

Es macht Sinn, vieles für sich selbst zu tun, solange man damit eben nicht die vielleicht empfundene Minderwertigkeit oder andere psychische Belastungen zu „therapieren" versucht. Sobald Sie etwas scheinbar für sich selbst tun, Ihnen jedoch die Wirkungen dessen beim anderen in der Tat viel wichtiger ist, kommen Sie in eine Form von Abhängigkeit.

Norbert

Nehmen Sie als Beispiel Norbert, der seit seiner Schulzeit durch die schillernden Beschreibungen seiner Geografielehrerin von Machu Picchu in Peru träumt. Dahin will er, seit er zwölf Jahre alt war. Endlich hat er genug Geld auf der Seite, um sich diesen Traum zu erfüllen. „Wohin willst Du?", fragt ihn seine Freundin Ingelore, als er mit der Neuigkeit rausrückt, „und was, bitte, kostet diese Reise?" Er sagt es ihr, worauf hin sie meint: „Kommt gar nicht infrage, dafür fliegen wir auf die Seychellen, da waren

die Maiers letztes Jahr und ich will endlich auch einmal so etwas Tolles erleben."
Da sitzt er nun, der „kleine" Norbert und muss sich entscheiden, ob er etwas für die anderen tut (und zwar nicht nur für seine Freundin, sondern für deren Neid und Abwehr eigener Minderwertigkeitsgefühle und zugleich für die Nachbarn, deren Urlaubsentscheidung damit aufgewertet wird) oder für sich. Die Seychellen machte er für einen Pseudofrieden und für sein Ich, Machu Picchu für sich selbst. Es macht einen großen Unterschied, wofür er sich entscheidet. Das eine wird in seiner Wirkung rasch verpuffen, vom anderen wird er sein Leben lang mit Glut in den Augen berichten, allerdings ohne seine Freundin Ingelore. Die ist nämlich dann mit dem wohlhabenden Andreas auf die Seychellen geflogen.

Money und das letzte Hemd

Da ist es doch am sinnvollsten, sich auf das zu konzentrieren, was wirklich Hand und Fuß hat, Geld. Die Konzentration darauf bringt wenigstens Eindeutigkeit ins Leben. Gewiss, einige Werte mögen dabei über den Jordan gehen, aber sind sie das nicht schon längst? Und schließlich soll man Vergangenem nicht unnötig nachtrauern.

Geld schafft Sicherheit oder zumindest die Vorstellung von Sicherheit im Außen. Auch wenn die meisten meinen, Geld sei eine Voraussetzung, sich glücklich zu fühlen: Schauen Sie einfach die vielen traurig dreinblickenden Millionäre und Milliardäre an. Möchten Sie so enden? Abgesehen von dieser prima-vista-Einschätzung ist es tatsächlich so, dass ab einem gewissen, recht geringen Grad von wirtschaftlicher Absicherung das Glücksgefühl durch Geld eben nicht mehr zunimmt. Also: Wenig Geld macht etwas glücklich, viel Geld beeinflusst unser Glücksgefühl nicht. Aber einige Chancen gibt es dennoch, etwas Sinnvolles mit Geld anzustellen.

Wie Geld positiv stimmt

Damit Geld gute Auswirkungen hat, sind einige Regeln für dessen Umgang zu beachten (Dunn et al. 2011):

1. Kaufen Sie keine Dinge, sondern Erlebnisse. Es macht glücklicher, sein Geld in Erlebnisse wie Reisen oder Konzertbesuche zu investieren als in Dinge, selbst wenn diese scheinbar länger haltbar sind.
2. Fürs eigene Wohlbefinden ist es wirkungsvoller, sich öfter etwas zu gönnen, das durchaus klein oder preiswert sein kann, als das Geld für große Luxusdinge auszugeben.
3. Niemals erst konsumieren, dann zahlen: die klare Absage an alle Konsumkredite. Viel besser ist der umgekehrte Weg: Jetzt etwas bestellen und bezahlen, sich darauf freuen und es später konsumieren. Also niemals eine Reise machen und dann abzahlen, besser die Reise weit vor Antritt buchen und zahlen und sich dann Monate darauf freuen.
4. Es macht glücklicher, sein Geld für Spenden oder für Geschenke an andere auszugeben als für sich selbst.
5. Reduzieren Sie Ihre Ausgaben für Versicherungen so weit wie sinnvoll, sichern Sie nichts ab, mit dem Sie auch so fertigwerden.
6. Wenn Sie unsicher sind, was Sie kaufen sollen, vertrauen Sie eher der Masse als Ihren Ideen.
7. Entscheiden Sie sich eher für weniger, das Ihnen besser gefällt und eher auch teurer ist, als für viel Billiges.

8. Erst recht, wenn eine größere Anschaffung ansteht: Stellen Sie sich im Detail vor, wie Sie die Anschaffung tatsächlich im Alltag nutzen würden und ob Sie damit wirklich glücklicher sein werden. Wenn nicht, sparen Sie sich das Geld.

Neben den ohnehin nicht entstehenden Glückshormonen schafft Geld keineswegs eine größere Selbstsicherheit, die eine gewisse Schutzfunktion vor den Herausforderungen des Lebens bietet. Dennoch, Geldprobleme sollten auch nicht sein, außer Sie sind inzwischen vom Ziel überzeugt, endlich ausgebrannt zu sein. Sich auf sich selbst, sein Handeln und den würdevollen Umgang mit sich selbst zu konzentrieren, statt Geld oder Status in den Mittelpunkt seines Wollens zu stellen, trägt zur Stärkung bei. Wer sich dem Mammon verschrieben hat, sollte zumindest eines bedenken: Wem nutzt es, der Reichste auf dem Friedhof zu sein? Da trifft folgende Inschrift eines Grabsteins doch wohl eher ins Schwarze: Glotzen Sie nicht so blöd. Ich läge auch lieber am Strand.

Hier eine Anleitung zu schreiben, wie Sie möglichst rasch massive Geldprobleme bekommen, erübrigt sich. Es gibt nur wenige Menschen, die unfähig sind, mehr Geld auszugeben, als sie haben. Im unwahrscheinlichen Fall, dass genau Sie dazugehören, schauen Sie sich Fernsehsendungen mit Schuldnerberatern an, das erweitert den Horizont ausreichend. Dort werden Sie genug über die fünf klassischen Chancen für Geldnot hören: Arbeitslosigkeit, Krankheit, Scheidung, Kaufsucht und Firmenpleite. Zur Kaufsucht der bekannte Satz: Leute kaufen mit Geld, das sie nicht haben, Dinge, die sie nicht brauchen, um damit Menschen zu ärgern, die sie nicht mögen – oder aber, um sich damit das zu geben, was sie vermissen. Das jedoch liegt nicht im materiellen Bereich und deshalb funktioniert es nie.

Horten Sie so viel Geld wie möglich.

Ich muss es haben

Oh, die Jugend. Wenn sie heute gefragt wird, was „in“ sei, dann sagen 92 % aller: Toll aussehen und Markenkleidung tragen (Plätze 1 und 4 der entsprechenden Hitliste der aktuellen Shell Jugendstudie (Bloed u. Tilz 2012)). Das Phänomen wird von Soziologen Self-Image genannt. Es geht also heute darum, sich selbst ein besonderes Image zu verschaffen – und das über Massenartikel, die den Hauch des Besonderen via Werbung eingeblasen bekommen haben. Dieses „Marke, Marke, Marke“ ist ein Sinnbild für den Materialismus in unserer Gesellschaft.

Es wird eine Vielzahl von „Musthaves“ aufgebaut wie bestimmte Kleidung, Schuhe, Taschen, Sonnenbrillen, Handys oder Tabletcomputer. Damit sich die Jugendlichen das leisten können, bleiben immer mehr immer länger zu Hause wohnen. Statt in Eigenständigkeit wird in Materielles investiert. 48 % der Jugendlichen kaufen fast ausschließlich Markenware (Bloed, Tilz 2012). Machen Sie die Probe aufs Exempel und gehen Sie in einen Discounter: Dort werden Sie kaum Jugendliche antreffen, einfach uncool da.

Die Gesellschaft ist es – und damit die Gesamtheit von allen – welche zulässt, dass es Konzerngiganten schaffen, nicht ein schlichtes Stück Technik oder Kleidung anzubieten, sondern über einen schnöden Verkauf ein Lebens*gefühl* zu vermitteln. Damit wird Materie etwas zugewiesen, was sie nicht bieten kann. Es wird eine Scheinwelt aufgebaut und die Instanz in einem, die dies goutiert und sich darin aalt, ist das Ich. „Ich" ist ja so toll, weil es Schuhe von Edeltreter und zugleich das Polohemd von Protzinski trägt. Das Problem kommt auf, weil das unser Selbst eine gewisse Zeit – manchmal auch Jahrzehnte, bei besonders Tumben ein Leben lang – mitmacht, aber irgendwann aufschreit und nach seiner Welt der Wahrhaftigkeit verlangt.

Nur Markenware verschafft Ihnen Authentizität.

Gerade junge Menschen werden glauben gemacht, ein Mensch müsse sportlich sein, gut aussehen, eine überdurchschnittliche Bildung haben, eben mit Marke glänzen, genügend Erfahrung haben und das alles ohne Mühe nach außen zeigen. Bei dieser Auflistung fällt auf, dass ein wesentlicher Bereich des Menschseins vollkommen fehlt: die Gefühlswelt. So wundert es nicht, wenn dieselben Jugendlichen sich perspektivlos fühlen – denn was ist eine Welt, die sich nur im Materiellen aufhält, wert? – und zugleich unfähig werden, Entscheidungen zu treffen. Damit Menschen Entscheidungen treffen können, müssen sie eine Anbindung an ihre Gefühlswelt haben. Wenn diese verkümmert, verkümmert auch ihre Entscheidungsfähigkeit.

Der Bezug zu sich selbst leidet, schließlich fehlt er. Es geht um ein von kommerziellen Interessen geprägtes Leben, welches sein Ideal scheinbar in der Marke findet. Aber in diesem Kontext gilt noch mehr als in anderen: Der Maßstab ist der einzelne Mensch, sind Sie in Ihrer Ganzheitlichkeit, und nicht das tatsächliche oder vermeintliche Ideal. Es geht im Leben gern um das *individuell Beste*, aber nicht um *das Beste an sich*. Es genügt vollauf, ab und zu sein Bestes zu geben, aber dafür muss man nicht der Beste sein.

Die Jugendzeit geht heute übrigens bis mindestens 70 Jahre. Falls Sie meinen mit dem Thema nichts zu tun zu haben, denken Sie einmal an Ihre Reiseziele, Autos, Geliebte, Weine, Schmuck, Handtaschen und Uhren, eben an alles Materielle.

Geld kann man nie genug haben.

16 Geschlafen wird am Ende des Monats

„Wer seine Tätigkeit einschränkt, erlangt Weisheit“, sagte vor einigen Jahren König Salomon. Bislang wurde er nicht erhört. Ausgebranntsein ist eine Folge von Selbstbetrug. Was sonst soll einen erwachsenen Menschen dahin bringen, wenn er zu erschöpfen beginnt, nicht rechtzeitig die Reißleine zu ziehen? Seine Möglichkeiten als begrenzt einzustufen wäre ein erster Schritt, aber der bedeutet dann eben, sich auch nicht auf dem Olymp zu sehen. Auch nur die Ahnung zuzulassen, etwas nicht zu schaffen, wird dann schon wie ein Verrat an seinen eigenen Chancen und Möglichkeiten empfunden. Aber sei's drum. Sie werden natürlich immer und überall gebraucht.

Es geht um das Maß, im Großen genauso wie beim einzelnen Menschen. Wenn in einer Straße zu viele Verkehrsunfälle beim Abbiegen oder Einbiegen geschehen, werden Ampeln aufgestellt. Zunächst sinkt die Zahl der Unfälle. Irgendein besonders schlauer Regionalpolitiker kommt auf die Idee, noch mehr Ampeln würden noch mehr Unfälle verhindern. Diese zu vielen Ampeln verhindern jedoch den Verkehrsfluss zu sehr, was die Autofahrer dazu bringt, immer riskanter bei Gelb, Orange, Rotorange oder Rot weiterzufahren. Nun steigt die Zahl der Unfälle wieder. Was tut die Politik? Sie erhöht noch weiter die Anzahl von Ampeln – jetzt jedoch ohne irgendeinen Nutzen.

Eine solche Ampel hat viel mit Burnout zu tun. Wer erschöpft, versucht in aller Regel, weitere Erschöpfung zu vermeiden, indem er das, was anfangs vielleicht gegen die Erschöpfung half, weiter und *intensiver* betreibt. Wer Burnout bekommt, dem helfen anfangs vielleicht noch mehr

Auszeiten, aber später eben nicht mehr. Vielleicht nutzt es ihm anfangs, auf Sozialkontakte zu verzichten, um zur Ruhe zu kommen, aber später nicht mehr. Möglich ist auch, dass es ihn zunächst beruhigt, jeden Abend stundenlang Musik zu hören, später nervt es ihn nur.

Lasst mich in Ruhe!

Wer Burnout haben möchte, muss lernen, hilfreiche Hinweise zu missachten und Hinweise, die ihn in die Erschöpfung geleiten, zu erkennen. Dazu gehört, sich stetig in einem Fluss des Verzweifelns aufzuhalten. Es wäre fatal, vielleicht im Außen bestehende oder neu hinzukommende Hinweise auf Besserungen zu beachten: Missachtung lautet hier die Devise.

Niemals Ratschläge von anderen annehmen (außer denen hier im Buch).

Sie wissen ja: Ratschläge sind auch Schläge und von denen hatten Sie bereits genug in Ihrem Leben. Ohnehin, wer kennt Sie besser als Sie sich selbst? Eben! Vermeiden Sie deshalb erst recht, bei ersten Anzeichen für Burnout jeden Kontakt mit einem Freund, Coach oder Therapeuten. Die wissen nicht, was sie tun – und erst recht wissen die nicht, was *Sie* tun.

Sie werden auf Ihrem Weg feststellen können, wer wirklich Freund ist und wer nur so tut. Ihr Burnout hilft Ihnen also, fundiert die Spreu vom Weizen trennen zu können. Sie werden wahrscheinlich auf verschiedene Typen treffen: die Ignoranten, die Besserwisser, die Selbstbetroffenen und die Ablenker. Vielleicht, wenn Sie Pech haben, kommen noch die Helfer dazu. Das sind die Letzten, auf die Sie nun angewiesen sind, denn helfen können Sie selbst ohnehin am besten, erst recht sich selbst.

Die Ignoranten sind Menschen, die hinter allen seelischen Problemen nur eines sehen: die Schwäche des Gegenübers. Es sind Menschen, die wissen sicher, niemals selbst Angst zu haben, die wissen, wo ein Wille ist, ist auch ein Weg, die Ihnen nur sagen werden, Sie sollen sich nicht so anstellen. Ignoranten sind absolut kontraproduktive Wesen – halten Sie sich von denen fern. Die Besserwisser haben Ihre Bildung aus dem Internet oder wichtigen Fachpublikationen wie Fernsehzeitschriften. Von beiden werden Ihnen folgende, aufmunternde Argumente entgegenströmen, die Sie unmittelbar weiterbringen:

- Nun stell Dich doch nicht so an!
- So schlimm ist das doch nicht!
- Alles Psychokacke!
- Das kann doch einen wie Dich nicht umhauen!
- Komm, nur noch das eine Mal!
- Das können wir doch von Dir erwarten!

Die Selbstbetroffenen könnten eventuell zu sehr betroffen sein, also verwundet – und schwache Menschen wirken oftmals nicht wirklich aufbauend, weil sie zunächst an einer Stärkung ihrer selbst interessiert sind. Ansonsten können Sie gemeinsam mit denen eine Selbsthilfegruppe besuchen (Kap. 9) oder gründen.

Die Ablenker verstehen nichts und selbst davon wollen sie ablenken. Das geht am besten mit Aktionen, mit Inhalten, welche Sie auf andere Gedanken und Gefühle bringen sollen. Mehr dazu unter „Yolo“ (Kap. 13).

Bei so viel Anteilnahme verwundert es nicht, wenn Sie Ihren Rückzug antreten: Burnout führt immer zu einem

Rückzug, womit nach Überzeugung des Erschöpften seine Belastung, zumindest eben seine „Termine“ wie die Skatrunde oder der Fünfuhrtee weniger werden, er sich also vormacht, sich zu entlasten. In der Tat fehlen mit abnehmenden sozialen Kontakten wesentliche Ressourcen und dieses Verhalten fördert das Ausgebranntsein.

Wie Sie sich soziale Kontakte abgewöhnen können, zeigt ein Training aus der Tierpflege: Bauer Schlaumeier kaufte sich einen Esel. Der Züchter sagte ihm genau, wie viel der Esel zu essen brauche. Das erschien dem Bauern Schlaumeier aber zu viel. Er entschied sich, den Esel an weniger Futter zu gewöhnen. So verringerte er täglich dessen Futtermenge. Als der Esel nach einiger Zeit praktisch gar kein Futter mehr bekam, sank er in die Knie und starb. „Schade“, dachte sich Schlaumeier, „wenn ich nur etwas mehr Zeit gehabt hätte, hätte ich ihn daran gewöhnt, von gar nichts zu leben.“

Machen Sie sich deshalb klar, welche Menschen Sie ab sofort meiden sollten, weil sie Ihnen echte, emotionale, praktische, geistige, impulsive oder spontane Hilfe geben könnten. Am besten forschen Sie in einem ersten Schritt nach, welche Menschen Ihnen am wichtigsten sind, von welchen am ehesten ehrliche Unterstützung zu erwarten ist. Nun sollten Sie sich überlegen, welche davon mit möglichst geringem Aufwand so zu vergällen sind, dass sie Sie definitiv in Ruhe lassen. Da sind Sätze hilfreich wie: „Was ich Dir schon immer mal sagen wollte.“ Und dann alles vom Stapel lassen, was Sie seit Jahrzehnten stört. Oder diese Menschen an deren empfindsamer Stelle treffen. Wenn jemand gern kocht, ihn beim nächsten Treffen nicht loben, sondern die eigenen Sterneküchenrezepte überaus positiv und vergleichend in den Vordergrund stellen. Es empfehlen sich auch unpassende Geschenke: warum einem Spinnenphobiker nicht mal eine saftig-satte, samtige Vogelspinne aus dem Zoomarkt als Überraschung mitbringen? Was meistens auch gut wirkt, ist, mit der Partnerin oder dem Partner dessen, den man vom Hals haben will, zu versuchen, eine Nummer zu schieben.

Nun sind leider manche der Freunde hartnäckig und lassen sich so schnell nicht vor den Kopf stoßen. Wenn diese anfangen sollten, sich Sorgen zu machen und diese auch noch auszudrücken: Aggressiv dagegen vorgehen, im Notfall auch schreien, zum Beispiel: „Du hast doch keine Ahnung." Oder auch: „Spiel Dich nicht als mein Psychofuzzi auf." Durchaus möglich ist ein Gegenangriff: „Du spinnst doch selbst. Schau Dich doch nur mal an, am besten gleich stationär!"

Erstellen Sie eine Rangfolge Ihrer Mitmenschen von sehr wichtig bis gleichgültig und schmieden Sie Pläne, wie Sie sich genau in dieser Reihenfolge von ihnen loslösen. Dann die Planungen in die Tat umsetzen.

Bei einer Konstellation sollten Sie besonders wachsam sein, nämlich wenn es um ihren eigenen Partner geht. Hier hilft ausschließlich hemmungslose Ehrlichkeit: Wollen Sie ihn wirklich behalten oder wäre es nicht doch anders ganz schön? Denken Sie an den Satz: „Ich weiß zwar nicht, wie es ohne Dich gehen soll, aber ich versuche es trotzdem." Hier hilft keine Lüge weiter – Sie erinnern sich, Burnout basiert wie jede Krise auf einer Lüge – nun muss der Wahrheit ins Gesicht geschaut werden: Wollen Sie Ihrer Partnerin oder ihrem Partner auch weiterhin ins Gesicht schauen, auch morgens, nach einer schlaflosen Nacht? „Tuch drüber und schon geht es wieder" ist manchmal keine so richtig beständige Lösung.

Mitmenschen korrekt einschätzen

Ihre sozialen Kontakte sind wahre Schätze, die den Weg ins Ausgebranntsein erleichtern. Sie müssen sie nur geschickt einsetzen. Dazu gehört grundsätzlich, dass Sie all Ihre Partnerschaften hinterfragen, bis Sie auf wirklich unerträgliche Details stoßen. Seien Sie gewiss: Die gibt es! Schauen Sie dann nur noch diese Details an, vernachlässigen Sie alles Gute. Dafür helfen konkret folgende Übungen:

- Übung Nr. 1 Warmup: Schließen Sie die Augen und lassen Sie innerlich Revue passieren, was alles nicht gut lief mit Ihrer Chefin/Ihrem Chef.

- Übung Nr. 2: Richten Sie Ihre Aufmerksamkeit weg vom Chef, so ergiebig ist die Frau/der Mann schließlich auch nicht. Warum in die Ferne schweifen, wenn das Gute so nahe liegt? Genau! Ihr Partner. Was alles stimmt mit ihm *nicht*? Was alles sollte er *ändern*? Wofür ist er *verantwortlich*, und zwar ganz und gar? Nehmen Sie nun einen Zettel zur Hand, nein, am besten einmal mehr ein leeres Heft mit vielen Seiten, und schreiben Sie alles nieder. Wenn Sie bereits auf der zehnten Seite ins Stocken geraten, sollten Sie endlich zu dem greifen, was einen wirklich intelligenten Erwachsenen auszeichnet: Erinnerungsvermögen! Bleiben Sie nicht heute oder in den letzten Monaten stecken. Gehen Sie ganz zurück zu den Anfängen Ihrer Beziehung. Gab es dort nicht schon Vieles, das Ihnen – vollkommen zurecht – nicht passte, das Ihre Energie kostete? Gut! Dann schreiben Sie es auf. Wenn Sie auf Seite 64 angekommen sind, können Sie durchaus ein zweites Heft beginnen. Nur keine falsche Bescheidenheit. Endlich sind Sie da, wohin Sie immer wollten. Lassen Sie Ihrem Zorn freien Lauf, wer hätte es verdient, wenn nicht Ihr Partner? Sie haben keinen? Dann folgen

- Übung Nr. 3: Ihre Mutter
- Übung Nr. 4: Ihr Vater
- Übung Nr. 5: Ihre Lehrer
- Übung Nr. 6: Ihre Mitschüler, Freunde usw.
- Übung Nr. 7: Das Schicksal
- Übung Nr. 8: Gott

Sie erkennen eine gewisse Dramaturgie. Wir sind beim Höchsten angekommen. Wenn Sie einem anderen Glauben anhängen, nennen Sie diese Instanz auch gern Buddha, Mohammed, Gibt-es-nicht, wie auch immer. Es ist an der Zeit, ans Eingemachte zu gehen.

Nach 8 Übungen ist genug mit dem Beziehungskram, wie Sie inzwischen fest und sicher wissen, ohnehin ein wesentlicher Quell Ihrer Erschöpfung.

Kein Mensch braucht Bindungen, das ist was fürs Skifahren. Arbeiten Sie an Ihrer vollkommenen Freiheit.

Vielleicht sind Sie damit dem Ziel, endlich ausgebrannt zu sein, genügend näher gekommen. Wenn nicht, nutzen Sie bitte Ihren Willen.

Intuition ist die Fähigkeit, eigene Gefühle, die nicht unbedingt bewusst werden müssen, in eine korrekte Beziehung zu sich selbst und der Situation zu setzen und daraus korrekte Rückschlüsse für Entscheidungen zu treffen (Bergner 2013). Intuitionen erfolgen niemals im luftleeren Raum, das bedeutet, damit sie möglich werden, müssen in Ihnen Gefühle entstehen. Da sich Gefühle als Reaktionen auf etwas Bestehendes entwickeln, braucht es immer etwas außerhalb von Ihnen, damit Sie selbst zu einer Intuition kommen. Intuition bedeutet nicht hellsehen, sondern Informationen (die anderen noch nicht einmal auffallen mögen wie minimale körpersprachliche Zeichen) aufgrund der eigenen Wachheit und des eigenen Vorwissens korrekt auszuwerten. Wenn Sie allein am Schreibtisch sitzend eine Intuition ereilt, dann, weil Sie im Nachhinein Informationen erinnern und nun neu auswerten. Intuition ist also überhaupt kein Hokuspokus, sondern eine trainierbare Fähigkeit. Sie ist eine wesentliche Orientierungshilfe, die darauf basiert, die ganz leisen Stimmen in einem selbst wahr- und ernst zu nehmen. Gut, dass diese Stimmen auch durchaus chronisch heiser sein können und sich deshalb schweigend schonen. Heiser wurden die übrigens, weil sie so lange vergeblich schrien.

Intuitionen fühlen Menschen, die ausbrennen, kaum und im Verlauf verschlechtert sich ihre Fähigkeit zur Intuition weiter. Ansonsten würden sie die Gefahr, in die sie sich begeben, rechtzeitig wahrnehmen. Erst dann, wenn ihre innere Instanzen merken, dass sie absolut kein Gehör finden, beginnen sie, die Krise zu kreieren. Wer ausbrennen möchte, weil er die neuen Lösungen durch seine Krise ersehnt, sollte immer seinem Willen als Gegenspieler seiner Intuition folgen und tunlichst alles überhören, was ihm seine Innenwelt sagen möchte.

Folgen Sie immer Ihrem Willen und missachten Sie Ihre Intuition, denn das Offenkundige hat immer Recht.

Erschöpfung aus Takt-Gefühl

Das Leben verlangt nach Rhythmus, das meinen nicht nur Liebhaber beim Vollzug ihrer Hauptbeschäftigung. Tödlich hingegen ist der Takt – wie er beispielsweise von Fließbändern vorgegeben wird. Langeweile und Erschöpfung sind vorprogrammiert. Der Rhythmus ist bei beruflichen Tätigkeiten insofern von Bedeutung, als er zwischen Be- und Entlastung schwingen sollte. Eine Tätigkeit, die nur entlastend wirkt, macht Boreout, also die Unerträglichkeit der fehlenden Anforderung. Eine Tätigkeit, die nur belastend wirkt, macht Burnout, die Unerträglichkeit zu hoher Belastung. Eben hin und her, das will der Mensch.

Es gibt Menschen, die halten den Takt nicht aus, welchen ihnen ihr Berufsleben beschert. Denen kommt Burnout ganz recht, endlich tut sich mal was. O.k., nicht wirklich das, wonach sie sich bisher sehnten, aber eine gewisse Form von Abwechslung dann eben doch. Meistens versuchen diese Menschen vor ihrem Ausgebranntsein noch etwas ganz anderes. Zunächst führen sie Variationen in ihrem Leben ein, im Privaten durch den Besuch von Swingerclubs, Partnertauschbörsen oder den altmodischen Seitensprung. Im Notfall tut es auch die regelmäßige Inanspruchnahme des Escort-Services, zumindest, wenn man im Ausland weilt. Im Beruf werden Variationen über neue, auch vollkommen unnötige Tätigkeiten versucht. Gern geschieht dies in Beratungsberufen wie bei Ärzten, Lehrern oder Sozialarbeitern, indem man sich über Themen unterhält, die mit der beruflichen Beratung nichts zu tun haben. Daher kennen die meisten Patienten die politische Ausrichtung und die Hobbys ihres Arztes. Bislang wird immer vermutet, dies sei Neugier des Patienten: weit gefehlt! Der Arzt will diese Inhalte loswerden, weil ihn die immer gleichen Erkrankungen aber auch so was von langweilen.

Wenn dieser Mechanismus ausgeschöpft ist, im Privaten teils auch aus Geldmangel oder durch das Leid verminderter Lust, kommt es zur Automatisierung. Auch das kennen Sie vom Arzt Ihres Vertrauens: „Hat es gewirkt? Nein? Dann nehmen Sie das hier." Das gibt es in jedem anderen Beruf auch, denken Sie nur an den stoisch seinen Stempel setzenden Sachbearbeiter auf der Gemeinde, obwohl der eher an Boreout leiden könnte.

Wenn dieser Mechanismus erschöpft ist, weil er einem innerlichen Rückzug entsprechend nur kurz zu einer gewissen Erholung führt, kommt die nächste Stufe: die Negativbewertung: „Immer der gleiche Mist." Dann folgt die logische Folge aus der Negativbewertung, die Aggression: „Sch...patienten, Sch...kunden!" Damit ist der Erschöpfte dem Ziel schon nahe, denn spätestens dann setzt ein manifestes Burnout ein.

Tun Sie immer dasselbe, dieses Gleichmaß wird Ihnen Ruhe ins Leben bringen.

Der Knast

Freiwilligkeit ist ein Todfeind des Burnout; das meint wirkliche Freiwilligkeit. Wer seinen Beruf ausführt, weil er das Geld zum Abbezahlen seines Häuschen braucht oder weil er jedes Jahr einen neuen Wagen kaufen muss (wofür ihm unsere Gesellschaft einen Orden ob des Erhalts von Arbeitsplätzen verleihen sollte), setzt sich unter Zugzwang. Sobald der Zwang die Freiwilligkeit übertönt, wächst die Chance auf Burnout. Dieser Zwang kann jedoch auch alles andere als materiell sein. Hier eine kleine Auswahl der großen Kreativität für Unfreiheit Begabter:

- Ich musste Arzt werden, weil mein Vater das auch ist.
- Meine Mutter hat immer gesagt, studier was Gescheites. Deshalb habe ich Psychologie studiert.
- Meine Frau findet, nur an der Seite eines erfolgreichen … (Sie können den Beruf gern selbst eintragen) mag sie bleiben.
- Ich bleibe nur noch im Job, bis unsere Kinder aus den Gröbsten raus sind.

Letztere ist übrigens die Aussage eines Vaters von zweijährigen Zwillingen. Auf meine Nachfrage hin, wann die Kinder aus dem Gröbsten heraus seien, meinte er: Nach dem Studium.

Schaffen Sie sich Unfreiheiten.

Wenn Sie weitere, grundlegende Hinweise brauchen, eine Übung:

Übung

Nehmen Sie sich drei Wochen lang täglich fünf Minuten Zeit für sich selbst und beantworten Sie jeden Tag nur zwei Fragen schriftlich. Die erste lautet: „Was brauche ich wirklich?“ und die zweite „Wozu brauche ich es?“.

Dabei sollte jeden Tag alles aufgeschrieben werden, ohne dass Sie sich dabei beschränken und selbst bewerten. Wenn Ihnen auffällt, dass Sie erneut das Aufschreiben, was Sie schon einmal oder mehrfach notiert haben, ist es auch in Ordnung. Wenn Ihnen am Montag in den Sinn kommt „Ich brauche Gruppensex" – alles in Ordnung, aufschreiben. Am folgenden Tag: „Ich will ins Kloster gehen." Alles im grünen Bereich, noch tun Sie es ja nicht, Sie schreiben es nur auf. Oder am Mittwoch: „Am liebsten würde ich meinen Mann umbringen." Auch in Ordnung, nur aufschreiben, erst einmal nicht tun. Selbst scheinbar kranke Ideen wie: „Ich möchte endlich Ruhe haben vor meinem Vater. Warum kriegt der nur kein Alzheimer?" Keine Wertung, notieren.

Nach den drei Wochen nehmen Sie sich eine Stunde Zeit und Ruhe für sich selbst und lesen alle 21 Notizen so offen es geht und mit so viel Güte wie möglich mehrfach durch. Vielleicht kommt Ihnen dann die eine oder andere Idee, was Sie wirklich brauchen und was Ihnen wirklich fehlt.

Wenn Sie nun weiter ausbrennen wollen, haben Sie eine gute, sehr authentische *Liste, was Sie nicht tun* sollten:

- Wenn Ihnen klar wurde, dass 65 Wochenarbeitsstunden zu viel sind: Berufstätigkeit erhöhen!
- Wenn Ihnen klar wurde, dass Sie sich scheiden lassen wollen: Zum Liebsten gehen und ihm Blumen schenken und mit innerem Widerwillen intim werden.
- Wenn Ihnen klar wurde, dass Sie das sündteure Auto gar nicht brauchen und es Sie nur in finanzielle Enge bringt: Tunen lassen, mit mehr Power gefällt es Ihnen schon wieder.

Aber wenn Ihnen klar geworden sein sollte, Ihr Bedürfnis liegt darin, mehr Geld zu verdienen und mehr Verantwortung zu übernehmen, dann sind Sie auf dem richtigen Weg: weiter so!

Überstimmen Sie Ihre Bedürfnisse.

Dabei hilft Ihnen unter anderem eine Kirche in München.

Der Alte Peter

Der Alte Peter ist die älteste Pfarrkirche in München, welche zugleich dem Marienplatz am nächsten ist. Auf den Alten Peter führen 306 Stufen und wenn man oben ist, hat man einen herrlichen Blick über die schöne Stadt. Es macht also Mühe, dort hochzukommen und es ist auch nicht ganz leicht, mit mehr oder minder zitternden Knien wieder herunterzukommen.

Da trifft es sich gut, dass ein Mensch namens Laurence J. Peter vermutlich der Kirche ein Buch gewidmet hat mit dem Namen: das Peter-Prinzip (Peter 1989). Dieses Prinzip besagt, in einer Hierarchie wie einem Unternehmen steigen die meisten bis zur Stufe ihrer *Unfähigkeit* hoch. Das ist in sich logisch, denn vorher gibt es keinen Grund, die Karriere zu beenden – außer sie litten an besonderer Selbstehrlichkeit und Selbstbeherrschung. Zu intensiv sollte über das Peter-Prinzip nicht nachgedacht werden, denn in dessen Folge wäre eine beträchtliche Zahl aller Topführungskräfte in Politik und Wirtschaft unfähig. Problem: Nicht wenige von denen meinen, an der Spitze zu stehen sei noch immer zu weit hinten.

Streben Sie an, eine Stufe weiterzukommen als Ihnen gut tut.

17 Wir wissen nicht, wohin. Aber wir kommen gut voran!

Spätestens mit der Einführung von Fließbandarbeit galt das Prinzip der Effizienz: möglichst viel in möglichst kurzer Zeit. Effizienz gibt einem das Gefühl, richtig was geschafft zu haben. Effizienz gibt einem jedoch nicht das Gefühl, das Richtige geschafft zu haben. Daher kommt der Spruch der Kapitelüberschrift. Bis zum mittleren Lebensalter macht man eine solche Arbeit mehr oder minder mit. Spätestens wenn die zweite Lebenshälfte droht, verändern sich bei vielen die Ziele und nun wollen sie das Richtige tun. Für sie steht nun Effektivität auf der innerlichen Agenda. Wer diese erwachsene Entwicklung nicht mitmacht und zugleich zufrieden bleibt, hat große Chancen, in Unternehmen weit zu kommen. Die anderen bekommen Probleme, sofern sie sich nicht neu orientieren können. Ein sinnvolles Leben entsteht entlang effektiven Tuns; Effizienz ist etwas für die Bilanz, aber nicht für die Seele. Kein Mensch hat unendlich viel Zeit, wahrscheinlich hat ein Mensch noch nicht einmal genug Zeit. Wer sich die Sinnfrage stellt, tut dies meist auch in Verbindung mit seiner eigenen, ihm vielleicht noch bleibenden Lebenszeit. Er will den Sinn darin erleben, die eigene Zeit sinnvoll zu nutzen und das bedeutet vorrangig, nicht mehr fremdbestimmt, sondern selbstbestimmt zu handeln. Der Herr der eigenen Zeit zu sein, kann erheblich zufriedener machen.

Yalla

Yalla – noch ein aktuelles Jugendwort, das aus dem Arabischen stammt und „Beeil dich“ bedeutet. Nur hat es nichts mit Jugend zu tun. Vielleicht kennen Sie das, wenn Sie viel Zeit am Flughafen verbringen. Ich sitze oftmals so da, tue nichts und warte auf meinen nächsten Flug. Dann war ich früher meistens von Männern umgeben, aber es werden immer mehr Frauen, nur dass diese genau dasselbe Verhalten zeigen wie die Männer: Sie alle kommen gehetzt aus der Sicherheitskontrolle an, verschnaufen noch nicht einmal, weil sie sofort ihren Laptop – neuerdings ihr Tablet – anwerfen; im Notfall tut's auch ein Handy, dann aber wenigstens die Obstmarke. Und schon wird ununterbrochen irgendetwas ganz Wichtiges und Dringendes damit getan.

Ganz früher gab es keine Fixierung aufs Tun, auf Arbeit. In der Antike galt Muße als Ideal, sie wurde von Sokrates als Schwester der Freiheit beschrieben und Aristoteles meinte, die Arbeit solle man Sklaven und Ausländern überlassen. Beide aristotelischen Alternativen sind heute weniger angesehen, jedoch war selbst in Deutschland bis ins Mittelalter hinein Faulheit kein Makel, viel eher so etwas wie ein Privileg und Lebensideal (Taubitz 2012). Damals wusste man, dass auf dem Weg zur inneren Erkenntnis Arbeit eher stören kann.

Und dann kam Martin, der Luther. Das Ungemach nahm seinen Lauf: Evangelische „Tugenden“ vertragen sich nun einmal gar nicht mit Müßiggang. Luther fand, der Mensch sei zum Arbeiten geboren wie der Vogel zum Fliegen und so wurde die Arbeit eine zentrale Größe in unserer Gesellschaft; und dieser Tatsache haben wir sicher einen Großteil unseres Vermögens zu verdanken. Die Potenzierung von Luther war dann Karl Marx, der die Arbeit als

Kern der Menschwerdung hochstilisierte. Nun wissen Sie, wem Sie das Elend zu verdanken haben: zwei Deutschen!

Müßiggang ist aller Laster Anfang.

Dabei geht es auch anders. Wesentliche Versuche, Arbeit zu vermindern, bestenfalls zu vermeiden, führten die Menschheit wirklich weiter: Johannes Gutenberg wollte nur keine Bücher mehr abschreiben, was lag näher, als den Buchdruck zu erfinden? Karl Benz hatte keine Lust mehr, zu Fuß zu gehen oder das Pferd nach einem Ritt zu striegeln. Konrad Zuse, der Erfinder des Computers, hatte einfach einen Bock mehr auf Kopfrechnen (nach Taubitz 2012).

Was Zeit kostet

Zeit ist eine der stärksten Instanzen, die Sie kennen. Sie können sie absolut nicht beeinflussen, das einzige, was Ihnen mit ihr gelingt, ist sie zu nutzen. Sobald Sie in der Situation sind, sich selbstbestimmt Zeit nehmen zu können, wird die Möglichkeit kleiner, auszubrennen. Das ist eine Form von Luxuszustand, meistens herrscht das Gefühl der Zeitnot oder des Zeitdrucks. Dieses Gefühl – es ist ja keine objektive Tatsache, sondern liegt im Auge des Betrachters – wird von Menschen, die ausbrennen, am häufigsten als Anlass für ihren Zustand gesehen. Genau betrachtet geht es nicht um Zeitnot. Diese entsteht dann, wenn zu viel innerhalb einer bestimmten Frist untergebracht werden soll. Aber dazu kann einen niemand zwingen. Sie ahnen es schon: Auch bei Zeitnot und der Tatsache, sich nicht genügend Zeit für etwas zu nehmen, geht es nicht um die Zeit an sich, es geht viel mehr um den Preis, den man zahlen muss, wenn man Dinge *nicht* in Hetze tut, was bedeutet, sie *anders* zu tun oder auch *gar nicht*. Es gilt auch hier: Sobald man fähig ist, sich über die Preise klar zu werden, um die es tatsächlich geht, wird die Bedeutung der Zeit anders gesehen und ein korrektes Entscheiden – das ist mir die Zeitenge wert, das ist sie mir nicht wert – fällt letztlich leichter.

Dehnen Sie den Konsum nutzloser Inhalte (Fernsehen, Internet, Videospiele) weiter aus.

Die mehr als vier Stunden Fernsehen, welche Menschen mit geringerer Bildung täglich vor dem Fernseher verbringen, sollten das Minimalziel sein. Diese Menschen zeigen einem doch, dass es geht.

Denn es ist nie zu spät für einen neuen Weg

Wesentlich ist, möglichst rasch festzulegen, dass es jetzt zu spät ist – für was auch immer. Es ist ein wirksames Totschlagargument: „Das geht jetzt nicht mehr!“ Wer sollte sich noch erdreisten, das Gegenteil zu beweisen? Sicher macht es wenig Sinn, zwei Monate vor dem offiziellen Renteneintrittsalter noch eine neue mehrjährige berufliche Ausbildung zu beginnen, aber die meisten, die fundamental erschöpfen, tun dies in ihren 30er oder 40er Jahren – und da ist noch genug Zeit, Fehlentscheidungen zu korrigieren, so aufwendig das sein mag. Denn für die steht die Rente mit 85 im politischen Kalkül.

Eine starke Persönlichkeit steht felsenfest zu einmal getroffenen Entscheidungen, denn hinter Flexibilität steckt immer Schwäche.

Das kleine Einmaleins

Ich bin, was ich leiste. Was sonst? Bei diesem Selbstbild geht es ums Funktionieren, im Beruf immer das Beste bieten – diese Identifikation mit dem Beruf führt nahezu zwangsweise dazu, dem eigenen Wesen nicht näher zu kommen. Und das ist gut so. Am besten ist, man definiert sich ausschließlich durch seine Leistungen, etwas anderes zählt ohnehin nicht. Was soll das esoterische Gelaber von Person und Persönlichkeit, vom Sein des Menschen.

Es zählt, was von einem selbst und anderen gezählt werden kann.

Auch sollten Ansprüche immer zuerst gegen sich selbst, nicht gegen die Umgebung gerichtet werden. Das ist wahre Eigenverantwortung, die in der inneren Überzeugung gipfelt, ich will alles in meinem Leben selbst bestimmen.

Zeit und Burnout

Bisher scheint niemandem aufgefallen zu sein, dass Überstunden eine reine Definitionsfrage sind. Wenn man 20 Stunden Arbeit in einer Woche als normal definiert, sind 30 Wochenstunden bereits 10 Überstunden: überfordert! Wenn man hingegen 40 Stunden Arbeit in der Woche als normal festlegt, sind 30 Wochenstunden Arbeit natürlich 10 Stunden zu wenig: unterfordert! Setzen Sie deshalb Ihre übliche Wochenarbeitszeit hoch an, zum Beispiel bei 60 Stunden. Mit solchen kleinen Tricks dürfen Sie sich schon ab und zu behelfen.

Legen Sie Ihre Regelarbeitszeit mit mindestens 60 Wochenstunden fest, damit vermeiden Sie Überforderung.

Achtsamkeit über alles

Perfektionierungs- und Machbarkeitsfantasien gibt es in allen Bereichen, auch bei Achtsamkeit. Selbst diese kann in Leistung umdefiniert werden: Bei Achtsamkeit der Schnellste oder der Beste, möglichst beides. Ich erinnere mich an einen Klienten, der mir voller Selbstehrfurcht schilderte, wie er beim Altmeister Kabat-Sinn persönlich Kurse besucht habe, nun diese Methode der Achtsamkeit so gut könne wie kaum jemand anderes, dass er voll und ganz überzeugt davon sei und so fort. Zugleich saß ein sehr erschöpfter, hilfloser Mann in höchster Anspannung mir gegenüber. Im Lauf der Beratung musste er erleben, dass der Beste in Achtsamkeit zu sein vielleicht doch nicht alle seine grundlegenden Probleme gelöst hat. Denn mit Achtsamkeit mag man im Alltag Wunder entdecken, aber Lösungen nicht unbedingt.

18 Keinsinnmensch

Was wäre, wenn Burnout ein Symptom für etwas ist, das in unserer Gesellschaft aus dem Ruder geraten ist und weiter gerät? Dann wäre jeder mit Burnout so etwas wie ein Ausführungsgehilfe des Leidens aller. Der Einzelne mit Burnout würde bereits das spüren und vorab tun, was der Gesellschaft im Großen noch bevorsteht. Dann wäre Ausgebranntsein alles andere als ein Zufall, es träfe denjenigen, der dafür besonders geeignet ist, weil er emotional sensitiv ist, weil er – zumindest bestimmte Instanzen in ihm – auf der anderen Seite überhaupt nicht mehr einsieht, das Spiel um Raffen und Gieren und geistige Hohlheit weiter mitzumachen. Weil er zumindest ahnt, dass es für den Menschen genauso wie für die Gesellschaft nicht mehr weitergehen wird mit Wachstum, Wachstum, Wachstum. Auf diesem Mantra basieren alle unsere Systeme und der Blick in die Welt zeigt, dass es nicht funktioniert, weil es niemals nur zur Wachstum kommt. Noch schlimmer, wenn sich das Wachstum fast vollkommen auf Materielles beschränkt, wenn das meiste, was erfunden wird, proklamiert wird, gefördert wird, diese Ebene nicht überschreitet. Das Materielle hat sich längst uns zu Untertanen gemacht. Das Materielle stiftet jedoch niemals einen Sinn. Eigentlich ist es somit sinnlos, zumindest sinnfrei.

Schauen Sie sich einmal an, was Sie können, wenn Sie auf die Welt kommen, also zumindest zur Erde: Außer atmen und ausscheiden: wenig; ach doch: fühlen. Wie fühlten Sie sich heute, wenn Sie scheinbar so wenig könnten? Bescheiden. Sie fühlten sich deplatziert und unsicher. Das bedeutet, jeder junge Mensch, der sich selbst wahrnimmt, muss sich unsicher fühlen und zugleich ahnen, dass es zunächst vielleicht auch keinen besonderen Sinn machen könnte, sich der Inkarnation verschrieben zu haben. Die Sinnfrage ist eine, welche uns von Kindesbeinen an begleitet. Was soll ich hier, wenn ich nichts selbst tun kann? Gewiss, die erwachsene Antwort auf die Frage wäre: Es lernen, um es doch tun zu können. Aber das wäre einem jungen Wesen zu viel zugemutet. Der Sinn entwickelt sich im Laufe des Lebens mit dem Tun, nicht mit einer Leistung. Manche finden erst ihren Sinn, wenn Sie vom Fragen und Suchen danach ermüdet sind – dann ist die Zeit für Antworten. Ein Zeichen für diese Ermüdung mag Burnout sein.

Sinnsouffleur

Wer Sinn verspürt, fühlt sich niemals leer. Wenn Leere empfunden wird, ist dies ein Symptom für emotionale Erschöpfung. Innere Leere im wahrhaftigen Sinn existiert nie; immer ist es innen mit etwas angefüllt, was aber offenbar nicht mehr wahrgenommen werden kann. Was könnte das bloß sein, was Ihnen da fehlt? Geld? Zeit? Erfolg? Ruhm? Mama? Papa? Wohl kaum. Es kann nur eines geben, das Sie nicht wahrnehmen können und nicht wollen: sich selbst.

Burnout kratzt am Empfinden, das eigene Leben habe einen Sinn. Eine bewährte Methode zur Erreichung von Sinnleere ist die Selbstsoufflierung: „Es geht mir schlecht, es geht mir immer schlechter, ich kann nicht mehr, es hat alles keinen Sinn“. Ja welchen denn, wenn Sie ihn nicht definieren, weil Sie ihn nicht fühlend wahrnehmen können? Meinen Sie ernsthaft, der Sinn käme einer Amsel gleich so einfach vorbeigeflogen oder stünde bereits auf der Geburtsurkunde? Beate Neugeboren, 53 cm lang, 3500 Gramm schwer, gesund, Sinn: erste Päpstin.

Mit dem eigenen Lebenssinn hat viel zu tun, dass man seinen Stellenwert bei anderen empfindet, und noch mehr, ihn für sich selbst zu spüren, weil es einen wirklichen Unterschied macht, ob man da ist oder nicht. Den Sinn Ihres Lebens finden Sie, indem Sie für sich Passendes tun *und* zugleich in privaten Bindungen geborgen sind. Freiheit als fehlende Bindung ist somit sinnlos. Das ist ein gewisses Paradoxon der Freiheit: Wenn wir wirklich frei sind, das meint, ohne jede Bindung, ist Freiheit destruktiv. Aber Freiheit mit Bindungen ist stets auch eingeschränkt.

Sie folgen sich selbst, wenn Sie sich nach Quellen von Kraft und Lebendigkeit umschauen und sich dabei für das Neue öffnen, wenn Sie sich für Änderungen entscheiden und in Ihrem Leben auf weitere Varianten von Ablenkung verzichten, Verbundenheit und Liebe zulassen und geben, sich ausreichend Zeiten der Stille schaffen. Denn Stille ermöglicht Klärung, jede Aktion führt zu einer Form von Trübung. Das ist beim Menschen nicht anders als beim Wasser im Fluss.

Überhauptnullundabsolutinkeinerweisewas

Tun Sie immer irgendetwas, lenken Sie sich weiter konsequent ab.

Kaum etwas ist so schwer wie Nichtstun. Viele werden bei diesem Satz protestieren, weil sie sich so nach einer Auszeit sehnen, nach einem „Sabbatical“, danach, einmal alle Viere von sich strecken zu können. Deshalb denken Sie sich hin zu einem Samstag, an dem Sie für den Abend Gäste eingeladen haben, nicht irgendwelche Gäste, sondern Ihre besten Freunde. Sie stehen morgens auf und der Anrufbeantworter blinkt. Sie hören die Nachricht ab, die Freunde sagen aus gutem Grund ab. Einiges, was Sie für den Tag planten, entfällt: Der Einkauf im Edelkaufhaus, die Hin- und Rückfahrt dorthin, das Zubereiten des Essens, das Entkorken des Weines, das Aussuchen der passenden Musik, das Herrichten des Hauses. Alles ist mit dieser einen Nachricht nicht mehr notwendig. Zunächst sind Sie enttäuscht, gefrustet, wie man so sagt. Dann freuen Sie sich auch ein bisschen, endlich einmal und das auch noch so unerwartet, Zeit für sich selbst zu haben. Endlich einmal nichts tun.

Nun betritt ein großer Meister Ihre innere Bühne und er sagt Ihnen: „Tue diesen Samstag einmal nichts." „Genau das habe ich vor – nichts leichter als das", werden Sie ihm antworten und dabei schon überlegen, endlich einmal Zeit zu haben, die Bücher korrekt zu ordnen, die 14 neu gekauften CDs zu hören, die Löcher in den Socken zu stopfen, die Büsche im Garten zu schneiden, die E-Mails zu sichten, die Schuhe zu putzen, die in den letzten 19 Jahren gesammelten Rezepte zu sortieren, einfach nur vor dem Fernseher abzuhängen, die Schulfreundin von vor 40 Jahren anzurufen, endlich wieder einmal ins Fitnesscenter zu gehen. Aber Nichtstun meint, wirklich *nichts* zu tun, es meint nicht, das zu tun, wonach einem verlangt oder was einer Freizeitbeschäftigung entspricht.

Der Meister schaut Sie gütig an, weil er um Ihren inneren Privatarbeitskatalog ahnt, und sagt: „Das meinte ich nicht. Ich sagte: Tue einmal nichts."

Jetzt erst verstehen Sie richtig, zögern und fragen ungläubig: „Nichts?"

Der Meister sagt: „Genau, nichts."

Sie: „Wirklich so gar nichts? Überhauptnullundabsolutinkeinerweisewas?“

Er: „So ist es.“

Wie lange werden Sie das aushalten? Nichtstun ist eine wirklich schwierige Aufgabe. Wer sich ihr stellt, hat ein erhebendes Risiko: Die erste Idee von sich selbst zu bekommen. Denn die Distanz zu allem anderen führt zur Nähe zu einem selbst. Aber wer weiß, was dann kommt.

Fast alles, das Sie umgibt, ist so laut, dass Sie sich selbst nicht mehr fühlen, wahrnehmen oder hören können. Je heftiger Ihre Bescheidung ausfällt, umso heftiger kann sich das zeigen, was Sie selbst ausmacht. Viele Menschen wollen das nicht erleben, sie haben letztlich Angst davor, mit sich selbst konfrontiert zu werden – oder eben sich selbst konfrontieren zu müssen.

Auf der oberflächlichen Ebene mag diese Angst bedeuten, zu erkennen, das meiste im bisherigen Leben an sich vorbei getan und angestrebt zu haben. Es wäre die Enttäuschung im Materiellen, eigentlich nach all den Taschen von Muss-Sein nicht zu streben, all den Uhren von Clockwerk Gold oder all den Urlauben in der Karibik; also vieles in die falsche Richtung investiert zu haben. Dahinter mag aber eine tiefergehende Sorge keimen, die, sich selbst als scheinbar hilfloses, kleines Kind zu erleben. Und selbst das mag nicht der vermeintlich bedrohliche Inhalt sein, um den es tatsächlich geht: Sich selbst in der individuellen Einmaligkeit zu erleben, das Wunder des eigenen Selbst zu verstehen und zu merken, eben doch ein phänomenales Wesen zu sein, das gewollt ist. Das würde viele so erschrecken, so zweifeln lassen, dass sie die an der Oberfläche des Menschseins sich anbietenden Ablenkungen nutzen. Das andere würde ihnen maßlos vorkommen und somit vermeiden sie es.

Nun kann man sich fragen, warum es früher Burnout nicht gab, obwohl der Mensch als solcher schon seit Jahrtausenden überaus fragil und immer vergänglich war. Ohne auf die anderen Religionen einzugehen, kann man für das Christentum konstatieren: Bis vor menschheitsgeschichtlich kurzer Zeit hatte die Religion als innerlicher Zufluchtsraum eine unantastbare und unangetastete Allgemeingültigkeit. Weil der Mensch sein Leiden mit dem Leiden Christi in Verbindung brachte, konnte er dem eigenen Leid entkommen. Und dann kam die wirkliche Neuzeit, aufgeklärt. Damit war der Glaube an das ewige Leben, der Glaube an die Wiedergeburt, der Glaube an die Erlösung zunächst fraglich, heute wird er gar gänzlich in Zweifel gezogen. Ewiges Leben? Oh nein! You only live once – und dann muss das auch bis zum Letzten ausgekostet werden.

Vor dem Ersten Weltkrieg kam die Neurasthenie auf, eine dem Burnout überaus ähnliche Erkrankung; spätestens nach dem Zweiten Weltkrieg war den meisten Menschen aufgrund ihrer unvorstellbaren Erlebnisse klar, dass sie auf sich selbst gestellt sind, dass sie keinem Staat, keinem Obrigkeitssystem mehr glauben sollten, gleich, auf welcher Ebene die Obrigkeit agiert. Deshalb bedeutet Burnout auch die Erkenntnis, als Mensch die Last selbst zu tragen, dass alles nur von einem selbst abhängt – und zwar nicht im Sinne einer Omnipotenzvorstellung, sondern gegensätzlich im Sinne von *Nihilpotenzwissen*.

Burnout stellt damit die sehr große Aufgabe, zu verstehen, dass man gut leben kann, auch wenn man nichts im Griff hat. Denn die meisten können sich auch ohne Allmacht auf die eigene Kraft verlassen und genauso kann man sich auf die Mitmenschlichkeit der anderen Menschen verlassen. Wir stehen für uns gegenseitig ein, nicht, weil wir gemeinsam stärker wären – auch das ist eine Lüge, die zu einer Enttäuschung führen muss –, sondern, weil wir zusammengehören, weil wir eins sind.

19 Die Erde ist eine Scheibe und Spinat hat viel Eisen

Nur deshalb, weil man Jahrtausende dachte, die Erde sei eine Scheibe, ist sie noch lange keine. Selbst „wissenschaftliche“ Ergebnisse wie der hohe Eisengehalt von Spinat entpuppten sich nach hundert Jahren als Tippfehler einer Sekretärin, die das Komma um eine Stelle nach rechts verschob. Auch bei Burnout droht, dass der Fokus auf weniger Wesentliches gerichtet wird. Kein Zweifel, Burnout kann sowohl mit Ausbeutung als auch mit Selbstausbeutung am Arbeitsplatz zu tun haben. Aber beide Faktoren sind Symptome, allenfalls Auslöser, nicht Ursache. Die Berufstätigkeit ist eine Bühne, auf der sich Burnout abspielen kann. Burnout hat insofern viel von einem Ablenkungsmanöver der Seele, die nicht einfach so preisgeben mag, was in ihr vorgeht. Zu groß scheint ihr das Risiko von Repressalien sowohl der direkten Umgebung als auch der Gesellschaft im Großen, selbst vor der abwertenden Haltung des eigenen Ich ist sie nicht sicher.

Was tun Sie, wenn Ihr Auto ein ungewöhnliches Geräusch von sich gibt? Sie suchen kurz nach der Ursache, wenn Sie diese nicht finden, lassen Sie einen Fachmann ran. Würde der Sie fragen, woher das Geräusch kommt, hätten Sie eine Reihe von Vermutungen anzubieten wie eine lockere Schraube oder flatternden Lack. Wahrscheinlich ist aber die unsichtbare Benzinpumpe oder ein unter dem Motor verborgenes Kabel die Ursache des Geräuschs.

Mit Burnout und dessen angeblicher Berufsbedingtheit geht es ähnlich, nur dass im Rahmen großer Studien der

„Werkstattleiter“ zu Ihnen an die Arbeitsstelle kommt. Sie und der Fachmann wissen bereits vorher, worum es geht. Sie sind sicher, Burnout kommt vom Beruf. Schließlich konnten Sie das in den letzten Jahren oft genug hören und lesen. Entsprechende Untersuchungen haben viel von einem Kaffeekränzchen oder einer Tupperparty: Alle sind sich einig.

Symptome behandeln, Lösungen vermeiden

In Studien über berufsbedingte Erschöpfung werden folgende Auslöser praktisch immer aufgeführt:

- Faktoren von außen
  - real nicht zu bewältigender Arbeitsanfall,
  - mangelnde Anerkennung durch Vorgesetzte,
  - fehlende Abgrenzung zum Privatleben,
  - Druck als Zeitdruck, durch Sparvorgaben oder wegen „notwendiger“ Effizienzsteigerung,
- persönliche Faktoren
  - überhöhte Zielsetzungen,
  - reduzierte Stresstoleranz,
  - Perfektionismus,
  - Selbstüberschätzung,
  - unzureichende Qualifikation.

Es ist ohne Zweifel so, dass bei Weitem nicht alles, was im Berufsleben auf einen zukommt, im grünen Bereich liegt. Noch immer gibt es Arbeitgeber, die den perfekten Mitarbeiter so definieren würden: pflegeleicht, wartungsfrei, führungstreu, mit Hochleistungsautomatik. Missverstehen Sie deshalb weder dieses Buch im Gesamten noch dieses Kapitel als Rechtfertigung des Aussaugens von Mitarbeitern. Es liegt in der Verantwortung eines Arbeitsgebers, die Belastungen für die Mitarbeiter auf ein würdiges und dem Menschen gut mögliches Maß zu beschränken, beispielsweise, indem er klare Grenzen zwischen Beruf und Freizeit vorgibt. Im Bereich der Führung sind viele Inhalte zu beachten wie

- Gestaltungsräume für die Arbeit schaffen: Starke Autonomie in der Erfüllung der eigenen Aufgaben ermöglichen,
- Verantwortung nur delegieren, wenn klar ist, wie damit umgegangen wird,
- Rollen klar beschreiben und einhalten,
- Leistungsgerechte Entlohnung,
- Absolut korrektes, wertschätzendes, mitmenschliches Verhalten innerhalb jeder Ebene und zwischen ihnen.

Wird Burnout kein Thema mehr sein, wenn jeder Arbeitsgeber die aufgeführten Inhalte einhält? Wahrscheinlich werden das Ausmaß und die Häufigkeit von Erschöpfung etwas zurückgehen, mehr nicht. Und so wundert es nicht, dass es bis heute weltweit kein einziges, allgemein anerkanntes, über statistisch zu erwartende Erfolgsquoten hinausgehendes Programm gibt, das *spezifisch* Burnout am Arbeitsplatz verhindert. Das wäre in fast 40 Jahren, die das Phänomen bereits bekannt ist, zu erwarten gewesen.

Die Erfahrungen von Selbstständigen mit Burnout können wesentliche Einsichten bringen, weil diese Menschen über die Einhaltung der eben aufgelisteten Inhalte weitgehende Autarkie besitzen. Dennoch brennen sie aus, und zwar tendenziell häufiger als Angestellte. All das, was einem zur Verbesserung von Arbeitsbedingungen einfällt (Delegieren, Verzicht auf Perfektionismus, Einhalten von 40-Wochenarbeitsstunden und so fort) versuchen auch Selbstständige als erste, eigene Lösungen zum Eindämmen ihres Ausgebranntsein. Aber nur wenige bekommen damit ihr Burnout wirklich in den Griff. Das ist eines der gewichtigsten Argumente gegen eine *ursächliche* Berufsbedingtheit von Burnout.

Schauen Sie sich die Auflistungen noch einmal an – dabei gibt kein einziges Argument, das mit einer gesunden, erwachsenen Einstellung nicht zu handhaben oder zu entkräften wäre. Denn wer versucht, einen real nicht zu bewältigenden Arbeitsaufwand doch zu erledigen, sagt nicht „Nein“, obwohl er es sagen sollte, oder lebt in einer Form von Lüge, weil er die Realität nicht erkennen mag (was Vorgesetzte in keiner Weise vom notwendigen Maßhalten entbindet). Wer sich durch Vorgesetzte nicht ausreichend anerkannt fühlt, hat vielleicht das kindliche Prinzip *Liebe für Leistung* nicht losgelassen (was Führungskräfte in keiner Weise von einer mitmenschlichen Führung inklusive korrektem Feedback befreit). Wer die mangelnde Abgrenzung zwischen Beruf und Privatleben beklagt, sollte sich Inhalte wie Machtgier oder die Angst vor dem Nichtstun noch einmal vor Augen führen (was Unternehmen in keiner Weise von der Aufgabe befreit, berufliche Inhalte wie E-Mails strikt vom Privatbereich abzuschotten). Wer Druck welchen Ursprungs auch immer meint nicht ausweichen zu können, sollte sich fragen, ob es nicht eher um den *Preis* geht, den er für seine Druckminderung zahlen müsste (was in keiner Weise bedeutet, dass beruflicher Druck aufgebaut werden darf). Wer seine Erschöpfung lange Zeit nicht wahrnimmt, sollte sich fragen, warum er für sich selbst taub ist.

Fast-Food-Psychologie

Die eingehende und meistens auch heilende Beratung und Begleitung (das ist weit mehr als eine Befragung) von Menschen mit Burnout fördert immer, ohne Ausnahme, andere

Ursachen als den Beruf zutage. Genau das aber leisten die arbeitssoziologischen und arbeitspsychologischen Untersuchungen nicht.

Ein wahrhaftiges diagnostisches Vorgehen ist in großen Gruppen wie bei vielen Mitarbeitern eines Unternehmens praktisch unmöglich, weil ein einziger Therapeut nicht Dutzende oder Hunderte Betroffene innerhalb überschaubarer Zeit seriös untersuchen und behandeln kann, selbst eine Gruppe von Therapeuten wäre dazu nicht in der Lage. Der Zeitaufwand und die Empathie sind schlicht nicht zu stemmen. Auch ist die menschliche Psyche eines Betroffenen oft nicht fähig, innerhalb von wenigen Terminen eingreifende, schlimme Vorerfahrungen und damit die Ursachen ihrer Erschöpfung freizugeben. Die Seele ist langsam und diese Langsamkeit zeigt sich in monate- und jahrelangen Therapien. Nur: Unsere Welt hat diese Zeit nicht mehr, meint sie. Eine Antwort darauf ist eine Form von Fast-Food-Psychologie, deren Auswirkung unter anderem die fixe Idee ist, der Beruf würde Burnout „machen". Letztlich ziehen sich manche Wissenschaftler auf standardisierte Interviews und Fragebögen zurück. Das zentrale Problem dabei ist, dass offenbar längst verdrängt wurde, dass auf diese Weise keine Ursachenforschung betrieben, sondern schlicht Meinungen und Umstände abgefragt und mit diesen große Statistiken kreiert werden. Diese Meinungen stammen darüber hinaus von selbst betroffenen Menschen, deren Lösungsansätze für ihre eigene Erschöpfungsproblematik bislang nicht klappten, was indirekt belegt, dass sie keine ausreichend authentische Vorstellung davon haben, warum sie eigentlich erschöpft sind.

Wem nutzt diese Art, mit dem individuell sehr belastenden Thema Burnout so umzugehen? Es wirkt ein wenig wie ein Gentlemanagreement: Der Untersucher konfrontiert sich nicht wirklich mit dem Drama, das hinter Burnout stecken kann, und der Betroffene ist auch erst einmal erleichtert, sich nicht so schmerzhaft wie befürchtet mit seinen individuellen Ursachen befassen zu müssen. Aber auf Dauer verliert er ein auf diese Weise geführtes „Spiel". Gewinner gibt es auch: alle, die mit „Wellness" oder „Balance" Burnout verhindern oder gar behandeln wollen (Kap. 3).

Fatal, fast perfide, dass all dies begann mit einer vermutlichen Fehldiagnose. Der Erstbeschreiber von Burnout war Freudenberger (Freudenberger 1974), der sein eigenes (!) Überlastungserleben als Basis für seine Nachforschungen und Publikation nahm. Sein Überlastungserleben würden wir heute wohl am ehesten Helfersyndrom nennen – Schicksal, dass Schmidbauer dieses erst drei Jahre später beschrieb. Oder in vornehmeren Worten war Freudenberger ein „beruflich wie ehrenamtlich hoch engagierter Therapeut" (Hillert 2012). Damit bleibt der Betroffene ein Gutmensch, der zu viel gab, von dem zu viel verlangt wurde, der einfach nicht anders konnte als auszubrennen. Schuld waren bereits bei ihm vorgeblich die Arbeitsumgebung, nicht das pathologische persönliche Überengagement und dessen tiefe Ursachen.

Auf diese auch wirtschaftlich interessante Idee stürzten sich erst wenige, dann immer mehr Therapeuten, Psychologen und Soziologen. Die erste Untersuchung von Christina Maslach stammt aus dem Jahr 1976 (Maslach 1976); ihre Marktposition (praktisch alle Burnout-Diagnosen werden mittels ihres *Maslach Burnout Inventory Tests* gestellt) festigte sie dann 1997 mit dem Omnipotenz-Buchtitel „Die Wahrheit über Burnout".

Köder waren genug ausgelegt und Schritt für Schritt tappten und tappen viele hinein.

Wer seine eigene Not, denn Burnout ist unstrittig eine sehr nötigende Situation, dadurch heilen will, dass er die Lösung von außen ersehnt, der vermeidet damit, Projektionen zurücknehmen zu müssen, um nicht die Not in sich selbst entdecken zu müssen. Die Gesellschaft soll es heute richten, und wenn es mir schlecht geht, sind die anderen schuld. Jeder, der mit Burnout in dieser Gedankenwelt bleibt, will in einer Form von kollektiv-mütterlicher Fürsorge leben und hat Schwierigkeiten, sich selbst erwachsen zu begegnen.

Burnout als ursächlich berufsbedingt zu definieren, ist kollektiver Selbstbetrug, der beim Betroffenen immer dann klar wird, wenn er nach vielen vergeblichen, oberflächlichen Bemühungen feststellen muss, dass er professionelle Hilfe für seine Seele und nicht für seinen Schreibtisch oder Arbeitsplatz braucht.

20 Die Wahrheit durch Burnout

Burnout wird als eine Störung betrachtet – warum eigentlich? Grundsätzlich ist eine Störung die Abweichung von einer behaupteten Normalität. Ob das, was wir seit Jahrzehnten erleben, wirklich normal ist, mag bezweifelt werden. Es scheint mir eher so, dass die Abnormitäten und Perversionen unserer gesellschaftlichen, politischen und insbesondere wirtschaftlichen und ethischen Entwicklungen uns inzwischen bereits so lange als normal vorgegaukelt wurden – aufgrund massiver materieller Interessen, die dies zumindest befürworten, wenn nicht steuern – dass uns das Gefühl dafür abhandengekommen ist, was wirklich normal ist.

Trotzdem regt sich bislang erstaunlich wenig Widerstand in unserem Land, vielleicht, weil noch zu viele nicht sagen, was sie wollen, weil sie Angst haben, allein aufzustehen.

Die wie vernarrte Fixierung auf die Rettung von Banken, weil sie systemrelevant seien, ist ein Ausdruck der Erstarrung und des Unwillens, neue Wege zu beschreiben. Nun gilt allgemein: Krise ersetzt Motivation. Das gilt für Burnout eines Einzelnen ebenso wie für Krisen von Gesellschaften. Wenn die, die an der Macht sind, keine Motivation für wirklich notwendige Schritte in unbekanntes Terrain wagen wollen, kommt die Krise. Sie zwingt. Noch ist es aber so, dass Politik eine Fassade produziert, welche eine Sicherheit vorspielt, obgleich eine Mehrheit zumindest ahnt, dass diese Sicherheit nicht existiert; im Großen ebenso wenig wie beim Einzelnen.

Man weiß aus der Finanzwelt, dass im staatlichen Bereich der Grund für einen Bankrott meistens nicht die Zahlungsunfähigkeit ist, sondern die mangelnde Bereitschaft zu schmerzhaften Einschnitten. Das gilt entsprechend auch für den einzelnen Menschen. Man kann sagen, Menschen verhalten sie dabei wie Staaten – oder doch besser umgekehrt? Selbst wenn das Ausgebranntsein weit fortgeschritten ist, möchten viele noch immer nicht einen schmerzhaften Schnitt machen, wie den Beruf oder die Stellung endgültig aufzugeben oder sich der Tatsache einer definitiv gescheiterten Beziehung zu stellen. Lieber wird so getan, als ob nichts mehr ginge.

Es ist eine ehrliche Chance, durch Burnout zumindest klargemacht zu bekommen, dass einiges, und zwar Wesentliches, schon lange nicht mehr stimmt.

Die Lösung einer Krise wie Burnout ist ausschließlich durch Eigenentwicklung möglich, sie kann nicht von außen geschenkt oder verordnet werden. Ein wesentliches Moment kann dabei sein, etwas zuzulassen, statt etwas zu machen. Auf individueller Ebene sagt die Seele: „Das ist mir würdig." Sie sagt aber eben auch: „Das ist mir nicht würdig." Würdig zu sein bedeutet, es zu würdigen. Burnout meint bei Weitem mehr als „Ich kann nicht mehr", es meint eben auch „Ich will nicht mehr" und sogar „Ich muss nicht mehr".

Die Lösung von Burnout bedeutet nicht, Burnout oder kein Burnout. Die Lösung bedeutet, eine innerpersönliche Entwicklung zuzulassen. Die dann mögliche Lösung ist, zu erkennen, aufgrund welcher Realitätsmissachtung Burnout tatsächlich entstanden ist, wozu es nötig wurde – und sich diesen, dem eigenen Wesen entsprechenden Inhalten zu stellen.

Von Burnout Betroffene sind in der Regel nicht mehr bereit, sich der Bemächtigung anderer Menschen zu unterwerfen, ebenso wenig der Bemächtigung des eigenen Ich gegen sich selbst (Stempin 2012); das spiegelt sich in der anfänglichen, durchaus aggressiven Note wider, um dann später im Widerstand gegen Veränderungen einen blassen Ausklang zu erleben. Diese Bemächtigungen finden jedoch auch auf gesellschaftlicher Ebene statt: Die Naturwissenschaft nimmt längst eine Form von Alleinherrschaft ein, jeder Zweck, der scheinbar ökonomische Mittel heiligt, wirkt in die gleiche Richtung. Die reale Wirtschaft zeigt ihre typischen Aufs und Abs, aber sie wird von einer spekulativen Wirtschaft dominiert, welche letztlich pseudo-spiritualisierte Erfolge zeigt. Durch Fantasie werden Gewinne gemacht, die in keiner Weise auf einer fundierten wirtschaftlichen Basis ruhen. In gleicher Weise wirken Unternehmen, welche ihre Produkte zu begehrenswerten, nahezu heilsbringenden Objekten pimpen, denen sich Millionen wieder und wieder freiwillig unterwerfen, indem sie beispielsweise für ein Telefon vor einer Verkaufsstelle des Unternehmens über Nacht kampieren, um so schnell wie möglich das neueste Modell zu bekommen. Warum steht kein einziger Journalist auf und schreit: „Hey! Das ist doch nur ein Telefon, mit dem man wenige spezialisierte Computeraufgaben erledigen kann. Ein kompliziert-technisches, zugleich aber vollkommen banales Teil.“ Stattdessen wird eine Markteinführung als „Live-Event“ von eben jenen Journalisten gefeiert.

Das alles sind vollkommene Fehlleitungen, Bemächtigungen. In diesem Macht- und Ohnmachtsgefüge gedeiht Burnout. Dennoch, in der Auswirkung ist es eine *persönliche* Betroffenheit eines jeden Einzelnen:

Burnout erzwingt die Konfrontation mit einigen *persönlichen* Fragen:

- Was kann ich tun – und was nicht?
- Was soll ich tun – und was nicht?
- Was will ich tun – und was nicht?

Dabei geht es in keiner Weise um die Rechtfertigung der Inhalte, die bei Beantwortung der Fragen offenbar werden. Niemand ist anderen Rechenschaft schuldig, solange er die Grenzen der anderen beachtet. Stärker an den Kern des Ausbrennens führen folgende Fragen:

- *Wozu* tue ich nicht das, was ich will, sondern das, was ich *nicht* will?
- *Wozu* tue ich das, was mir *nicht* gut tut?
- Was meine ich, unbedingt tun zu *müssen* – und muss ich denn wirklich?

Immer wieder werden es die unerwarteten Wendungen sein, die Ihnen eine Lösung bescheren werden. So wie bei Cäsar und Cleopatra. Beide waren miteinander im Bett und schließlich hauchte Cleopatra: „Sag mir was ins Ohr, was noch nie ein Mann zu einer Frau gesagt hat!" Cäsar schaute sie liebevoll an, knabberte ihr am Ohrläppchen und flüsterte: „Laserdrucker!" (nach Trenkle 2000b).

Ist es nun von Bedeutung, ob Burnout eine Depression ist oder eine Angsterkrankung, eine Anpassungsstörung oder was auch immer? Nein, es ist vollkommen egal. Wesentlich ist ausschließlich, dass immer mehr Menschen das Gefühl haben, nicht mehr zu können. Noch immer scheint es unterm Strich volkswirtschaftlich billiger, das letztlich zu ignorieren. Offenbar ist die Schmerzgrenze der wirtschaftlich und politisch bestimmenden Kreise noch lange nicht erreicht, solange das stimmt, was für diese noch „unten rauskommt".

Es bleibt unwahrscheinlich, dass die Gesellschaft sich ändert, zumindest in der Geschwindigkeit, die notwendig wäre. Ebenso unsicher ist es, fundamentale Änderungen in vielen Unternehmen zu erwarten oder damit zu rechnen. Letztlich bleibt nur, nach oder ohne Burnout seinen eigenen, individuell optimierten Weg durch sein eigenes Leben zu finden, damit es für einen selbst einen Sinn hat. Diese Anspruchshaltung an das eigene Leben darf man nicht aufgeben.

Burnout ist Folge einer starken Enttäuschung. Eine vollkommene Ent-Täuschung ist das, was man als Erleuchtung bezeichnen kann, immerhin. Aber bevor es soweit ist, sollten Sie noch einen Tee trinken, vielleicht auch, weil Sie sich durch einzelne Inhalte dieses Buches missverstanden fühlen und entsprechend aufgebracht sind. Ich hatte Ihnen zu Beginn des Buches einen Anti-Burnout-Tee versprochen, der wirklich hilft. Sie können dafür jeden Tee nehmen, sogar Kaffee. Sie wirken Wunder. Und zwar dann, wenn Sie ihn trinken, während Sie meine Hinweise zum Ausbrennen missachten, oder wenn Sie sich professionelle Hilfe holen und ihn dabei genießen – aber vergessen Sie nicht Ihre tiefgehende Wachsamkeit: Je schneller Sie gesunden, umso weniger Gewinn für den Therapeuten. Na ja, vielleicht verzichten Sie wenigstens bei dem auf Ihr Helfersyndrom.

Wohl bekomms!

Literatur

Ich habe mich von folgenden Büchern hemmungslos inspirieren lassen und abgekupfert, was nur ging, natürlich im Einverständnis mit dem Autor:

Bergner TMH. Arzt sein. Die 7 Prinzipien für Erfolg, Effektivität und Lebensqualität. Stuttgart: Schattauer 2009.

Bergner TMH. Burnout-Prävention. Sich selbst helfen – das 12-Stufen-Programm, 2. Auflage. Stuttgart: Schattauer 2010a.

Bergner TMH. Burnout bei Ärzten. Arztsein zwischen Lebensaufgabe und Lebens-Aufgabe, 2. Auflage. Stuttgart: Schattauer 2010b.

Bergner T. Gefühle. Die Sprache des Selbst. Stuttgart: Schattauer 2013.

Folgende Bücher, Artikel, Internetveröffentlichungen und Vorträge wurden ebenfalls genutzt:

Badura B, Ducki A, Schröder H et al. Fehlzeiten-Report 2012: Gesundheit in der flexiblen Arbeitswelt: Chancen nutzen – Risiken minimieren. Heidelberg: Springer 2012.

Ballwieser D. Jüngere Menschen sind verwundbarer geworden. Spiegel Online Gesundheit. 14.6.2012. http://www.spiegel.de/gesundheit/diagnose/gesundheitsreport-degs-jugendliche-leiden-haeufiger-unter-depressionen-a-838843.html. 11.02.2013

Berger P. Burnout – Was ist das? . http://www.hardtwaldklinik2.de/downloads.html: Burnout in der Psychotherapie Überlastungen erkennen und bewältigen. Vortrag im Psychiatrischen Landeskrankenhaus Haina/Hessen, 28.6.2006.

Berger M, Falkai P, Maier W. Burn-out ist keine Krankheit. Dt Ärztebl 2012; 109: 600–603.

Biller K, de Lourdes Stiegeler M (Hrsg). Wörterbuch der Logotherapie und Existenzanalyse von Viktor Emil Frankl. Sachbegriffe, Metaphern, Fremdwörter. Wien: Böhlau 2008.

Bloed P, Tilz J. Jugendliche im Kaufrausch. Focus Online Money. 12.04.2012. http://www.focus.de/finanzen/boerse/aktien/tid-25383/konsum-jung-hip-markengeil_aid_729481.html. 11.02.2013

Dießel M. Entwürfe einer Psychotherapie des „Burnout-Syndroms". Vortrag auf dem Symposium „Burnout – eine spirituelle Krise?", Benediktushof Holzkirchen, 15.9.2012.

Dolak G, Pantle C, Hollweg P et al. Neue Kraft aus der Ruhe. Focus Online Gesund leben. 12.3.2012. http://www.focus.de/gesundheit/gesundleben/stress/tid-25411/titel-neue-kraft-aus-der-ruhe_aid_722820.html

Dunn EW, Gilbert DT, Wilson TF. If money doesn't make you happy, then you probably aren't spending it right. J Consumer Psychol 2011; 21: 115–25.

Freudenberger H. Staff Burnout. J Social Issues 1974; 30: 159–65.

Frick J. Die Kraft der Ermutigung. Grundlagen und Beispiele zur Hilfe und Selbsthilfe. Bern: Huber 2011.

Geyer C. Die Magazinmacher leiden unter dem wahren Burnout. Faz.net Feuilleton. 11.02.2012. http://www.faz.net/aktuell/feuilleton/medien/medienphaenomen-die-magazinmacher-leiden-unter-dem-wahren-burnout-11643753.html. 11.2.2013.

Hillert A (2012). Wie wird Burn-out behandelt? Bundesgesundheitsblatt 2012; 55: 190–6.

Maeck S. Burnout beim Bachelor. 23.01.2012. Spiegel Online KarriereSPIEGEL. http://www.spiegel.de/karriere/berufsstart 0,1518,druck-810496,00.html. 11.2.2012.

Maslach C. Burned Out. Hum Behav 1976; 5: 16–22.

Maslach C, Leiter MP. The truth about Burnout. San Francisco: Jossey-Bass 1997.

Peter LJ, Hull R. Das Peter-Prinzip oder Die Hierarchie der Unfähigen. Reinbek: Rowohlt 1989.

Pollmer C. Nummer Eins der Reue. Süddeutsche Zeitung Magazin: Nummer Eins der Woche. 19.01.2012. http://sz-magazin.

sueddeutsche.de/blogs/nummereins/1647/nummer-eins-der-reue. 11.2.2013
Riemann F. Grundformen der Angst. München: Ernst Reinhardt 1993.
Schmidbauer W. Hilflose Helfer. Reinbek: Rowohlt 2005.
Siegrist J. Burnout und Arbeitswelt. Vortrag bei den Lindauer Psychotherapiewochen am 24. 04.2012.
Sonnberger H. „Ihr seid nichts Besonderes!" Spiegel Online SchulSPIEGEL. 11.06.2012. http://www.spiegel.de/schulspiegel/lehrer-ermahnt-absolventen-bei-abschlussfeier-an-us-highschool-a-838176.html. 11.2.2013
Srivastava S, John O, Gosling S, Potter J. Development of personality in early and middle adulthood: set like plaster or persistent change? J Personal Soc Psychol 2003; 84: 1041–53.
Stempin L. Woher kommt im Burnout die Kraft, gesund zu werden? Die spirituelle Dimension von Gesundheit. Vortrag auf dem Symposium „Burnout – eine spirituelle Krise?", Benediktushof Holzkirchen am 15. September 2012.
Taubitz U. Ein Hoch auf die Faulheit. Spiegel Online Panorama. 13.06.2012. http://www.spiegel.de/panorama/gesellschaft/faulheit-und-musse-die-entdeckung-der-langsamkeit-a-837573.html. 11.2.2013.
Trenkle B. Das Ha-Handbuch der Psychotherapie. Heidelberg: Carl-Auer-Systeme Verlag, 2000a.
Trenkle B. Das zweite Ha-Handbuch der Witze zur Hypnose und der Psychotherapie. Heidelberg: Carl-Auer-Systeme Verlag 2000b.
Trenkle B. Das Aha!-Handbuch der Aphorismen und Sprüche für Therapie, Beratung und Hängematte. Heidelberg: Carl-Auer-Systeme Verlag 2004
Ury W, Hölsken N. Nein sagen und trotzdem erfolgreich verhandeln. Frankfurt: Campus 2009.
Watzlawick P. Anleitung zum Unglücklichsein. München: Piper 1999